Das Recht

des

Bürgerlichen Gesetzbuchs

in

Einzeldarstellungen.

Zweites Heft.

Jacobi, Das persönliche Eherecht.

Zweite verbesserte und vermehrte Auflage.

Berlin.
J. Guttentag, Verlagsbuchhandlung,
G. m. b. H.
1899.

Das persönliche Eherecht

des

Bürgerlichen Gesetzbuches

für das Deutsche Reich

von

Dr. Leonard Jacobi,
Justizrath, Universitätsprofessor, Privatdozent an der Universität Berlin.

Zweite verbesserte und vermehrte Auflage.

Berlin.
J. Guttentag, Verlagsbuchhandlung,
G. m. b. H.
1899.

Meiner lieben Mutter

zu

ihrem neunzigsten Geburtstage

in Dankbarkeit

gewidmet.

Vorwort zur ersten Auflage.

Es ist mit Recht gesagt worden, die Aufgabe des Bürgerlichen Gesetzbuchs sei nicht sowohl, die Rechtseinheit in Deutschland auf privatrechtlichem Gebiete herzustellen, als vielmehr die erste Grundlage für diese Rechtseinheit zu bilden. Dies Wort gilt nicht etwa nur in Ansehung der zur Zeit noch unberührt bleibenden landesrechtlichen Materien; es gilt nicht minder von denen, welche das Bürgerliche Gesetzbuch selbst normirt hat. Denn auch hier wird wirkliche Rechtseinheit erst durch die auf der jetzt gegebenen Grundlage erwachsende Wissenschaft und einheitliche Gerichtspraxis mit der Zeit erreicht werden. Hierdurch rechtfertigt sich die in der vorliegenden Darstellung geübte Gesetzes-Kritik, welche das Ziel verfolgt, Fingerzeige für die Auslegung und Ergänzung unseres Gesetzbuchs, in zweiter Linie auch für die Weiterbildung unseres nationalen Rechtes zu geben.

Die früheren, das Ehescheidungsrecht des ersten Entwurfs betreffenden Arbeiten des Verfassers, namentlich das in den Verhandlungen des XX. Juristentages (1889) Bd. II S. 110—234 abgedruckte Gutachten und eine im Auszuge im 30ten Jahresbericht der Juristischen Gesellschaft zu Berlin wiedergegebene Abhandlung, sind nur insoweit berücksichtigt, als dies aus dem oben angegebenen Gesichtspunkte auch bei jetziger Sachlage noch als geboten erschien.

Charlottenburg, im Oktober 1896.

Vorwort zur zweiten Auflage.

Diese Auflage enthält im Texte und noch weit mehr in den Anmerkungen zahlreiche Verbesserungen und Zusätze. Es ist namentlich, soweit es der Zweck einer übersichtlichen Darstellung gestattete, auf die Collisionsnormen und auf die zur Zeit im Vordergrunde des Interesses stehenden Uebergangsbestimmungen eingegangen. Auch ist, soweit es angemessen erschien, auf die neue Civilprozeßordnung und auf das Gesetz über die Angelegenheiten der freiwilligen Gerichtsbarkeit vom 17. Mai 1898 Bezug genommen.

Zu berücksichtigen waren in erster Linie folgende Kommentare:

1. zum Familienrecht von Dr. K. Unzner, Landgerichtsrath zu München (bei Planck 5. u. 8. Lieferung) Berlin, J. Guttentag 1898, 1899;
2. zum Familienrecht von Dr. Th. Engelmann, Landgerichtsrath zu München (bei v. Staudinger 1. und 5. Lieferung) München, J. Schweitzer 1898, 1899;
3. zum Einführungsgesetze vom 18. August 1896 von A. Niedner, Landrichter zu Meiningen. Berlin, Karl Heymann 1899.

Endlich

4. Dr. Herm. Habicht, Landrichter zu Kassel. Die Einwirkung des B.G.B. auf zuvor entstandene Rechtsverhältnisse. Jena, Gust. Fischer 1899 (Bd. III der von O. Fischer herausgegebenen Abhandlungen zum Privatrecht und Civilprozeß).

Diese Werke sind mit den Namen der Verfasser, das oben gedachte Gesetz vom 17. Mai 1898 ist als Fr.G. citirt.

Borkum, im August 1899.

L. Jacobi.

Inhalt.

Einleitung.

Gegenstand der folgenden Darstellung ist der erste Abschnitt des IV. Buchs des B.G.B. mit Ausschluß des sechsten Titels, welcher das eheliche Güterrecht behandelt und für sich allein noch einmal so umfangreich ist als die übrigen sieben Titel.[1]) Allein dieser anscheinend kleine Bezirk birgt an sich Fragen, welche wegen ihres hervorragenden kulturhistorischen Interesses unsere ganze Aufmerksamkeit zu fesseln geeignet sind. Ich meine in erster Linie die Form der Eheschließung, die Wirkungen der Ehe und das Recht der Ehescheidung.

Auch hatte die Aufgabe des Gesetzgebers grade auf diesem Gebiete ihre besonderen Schwierigkeiten.

Zunächst galt es, sich einer vorsichtigen Selbstbeschränkung zu befleißigen, um die Freiheit der Entschließung nicht zu stören, ohne welche die Ehegatten ihren vorwiegend sittlichen Aufgaben nicht gerecht werden können.

Wo aber die Aufstellung von Rechtssätzen denn doch geboten schien, war wieder sorgfältig zu erwägen, ob die Norm als eine absolute aufzustellen, oder ob nicht ausnahmsweise abweichende Verabredungen zuzulassen seien.

Dazu kam aber die fernere Schwierigkeit, daß die Gesetzgebung grade auf diesem Gebiete mitten hineingestellt war in einen leidenschaftlichen Kampf ums Recht[2]) nicht nur zwischen politischen und sozialen Parteien, sondern vor Allem zwischen Staat und Kirche einerseits, Mann und Frau andrerseits.

---

[1]) Das eheliche Güterrecht ist Gegenstand einer besonderen Darstellung.

[2]) Die berühmte gleichnamige Schrift von Ihering, welche nach dessen Tode (1895) in 12. Aufl. erschienen ist, handelt von dem hier in Rede stehenden Kampfe ums Recht im objektiven Sinne nur beiläufig (S. 5 bis 13). S. über denselben Ihering, Zweck im Rechte I (2. Aufl.) S. 249, 256, 377 ff. — Ueber die Kompromißnatur des objektiven Rechts Merkel in v. Holtzendorffs Encyklopädie 5. Aufl. (1890) S. 16ff. und in den Dogm. Jahrb. 32 (1893) S. 38ff.

Diese Seiten unseres Themas können hier allerdings nur insoweit berührt werden, als es zur Lösung der Aufgabe unumgänglich nöthig ist.

Im Verhältnisse zwischen Staat und Kirche hat, wie sich in unserer Schlußbetrachtung ergeben wird, eine im Wesentlichen zufriedenstellende Auseinandersetzung im Gebicte des Eherechts anscheinend stattgefunden. Es bleibt nur noch die Frage offen, ob nicht trotzdem gewisse kirchliche Ideen und Vorstellungen auf das Bürgerliche Gesetz auch jetzt noch einen Einfluß geäußert haben, welcher Angesichts der Verschiedenheit der Ziele und Grundlagen nicht zu rechtfertigen ist. Ferner fragt sich, ob nicht eine Auslegung der Vorschriften des B.G.B. versucht werden wird, durch welche neue Kämpfe heraufbeschworen werden.

In der sog. Frauenfrage[3]) dagegen steht das B.G.B. inmitten einer Entwickelung, welche — ganz abgesehen von ihrem sonstigen kulturgeschichtlichen Interesse, — schon deshalb ins Auge gefaßt werden muß, weil ihr weiterer Verlauf von durchgreifendem Einflusse sein wird nicht nur auf die spätere Weiterentwickelung unseres Rechtes, sondern unzweifelhaft auch auf die praktische Handhabung unseres Gesetzbuches selbst.[4])

---

[3]) Zur allgemeinen Orientirung dient Gustav Cohn, Die deutsche Frauenbewegung. Eine Betrachtung über deren Entwickelung und Ziele. Berlin, Gebr. Paetel 1896. Hier heißt es S. 213: „Das Kulturgesetz, daß man nicht zurückbleiben darf, wo die ganze Welt vorwärts geht, gilt nicht bloß für Panzerschiffe und Schießgewehre, nicht bloß für Eisenbahnen und Telephone, es gilt auch für das geistige Leben und die Entwickelung der geistigen Gaben." Ferner zum Schlusse S. 217: „Erst das Verständniß für das Nothwendige des Neuen giebt das gute Recht, den unvernünftigen Neuerungen zu widerstehen." [2] S. jetzt auch Frauenberuf und Frauenerziehung. Vier Vorträge von den Professoren Dr. Pierstorff, Zimmer und Wychgram. Hamburg 1899.

[4]) [2] Eine sittliche Pflicht, die künstlich geschaffenen Schranken endlich hinwegzuräumen, durch welche die Frauen bisher gehindert wurden, ihre Kräfte und Fähigkeiten auszubilden und zu verwerthen, ergiebt sich zwar schon daraus, daß die Frau jetzt unbestritten als Mensch (Inhaber einer menschlichen Seele) anerkannt wird, was im 18. Jahrhundert noch nicht allgemein der Fall war. — In der Gegenwart treten aber zu dieser innern Nothwendigkeit auch noch äußere zwingende Gründe hinzu.

In dieser Richtung pflegt angeführt zu werden, daß sich nach der Volkszählung von 1895 für Deutschland ein über eine Million betragender Ueberschuß an Frauen ergeben hat und andererseits etwa dreiundeinhalb Millionen ledige Männer zwischen 20 und 40 Jahren. Daraus erklärt sich auch, daß 1895 die Zahl der erwerbsthätigen Frauen mit Ausschluß der Dienstboten, bereits weit über fünf Millionen betrug. [Statistische Angaben über den Antheil der Frauen an den verschiedenen Berufszweigen giebt Eliza Ichenhaeuser. Zur Frauenfrage. Zweite Folge.

Hier ist aber, vor Einlassung auf die Hauptsache, vor Allem die Frage zu erledigen, inwiefern eine Kritik des Gesetzestextes jetzt überhaupt noch am Platze ist.

Bis zum Augenblicke der Verabschiedung des Gesetzbuches handelte es sich darum, in den Entwürfen verfehlte Grundgedanken, formelle oder materielle Mängel in den Einzelbestimmungen zu entdecken, die Unhaltbarkeit des Textes in seiner vorliegenden Gestalt nachzuweisen, Abänderungsvorschläge zu formuliren.

Gegenwärtig ist die Aufgabe scheinbar eine entgegengesetzte. Es ist an dem jetzt feststehenden Gesetzestexte nicht mehr zu mäkeln und zu rütteln; es ist vielmehr durch sachgemäße Auslegung und Anwendung des Gesetzes der praktische Beweis zu führen, daß der den Anforderungen des modernen Rechtslebens entsprechende Sinn in dem Gesetze enthalten ist, zu zeigen, daß das nunmehr geltende Gesetz der unserem Rechtsgefühl entsprechenden Entscheidung nirgends hindernd im Wege steht.[5])

Berlin 1899. S. 1 ff., 6 ff, 11 ff.] — Ausschlaggebend ist aber nicht Obiges, sondern vielmehr der Gesichtspunkt, daß von den in Deutschland vorhandenen 26 bis 27 Millionen weiblicher Personen kaum Einer schon in dem Vorbereitungsalter die Versorgung durch eine für sie passende Ehe garantirt werden kann. — Mögen sie sich noch so sehr als geborne Gattinnen und Mütter fühlen, so muß doch die Vernunft und die Noth des Lebens sie dazu treiben, einen selbständigen Beruf bei Zeiten ins Auge zu fassen. Schließlich ist aber die einseitige Dressur zur Ehe auch insofern eine sittlich nicht zu verantwortende Spekulation, als sie die Frauen mit Vorbedacht in eine Zwangslage bringt, sie dadurch entwürdigt und zahlreiche unglückliche Ehen verursacht. Wie sehr endlich auch im Falle späterer Verheirathung die Ausbildung der weiblichen Fähigkeiten dem Hausstande und den Kindern zu Gute kommt, liegt auf der Hand.

Eine ganz andere Frage ist aber freilich, ob sich eine Ehegesetzgebung mit formeller Gleichberechtigung von Mann und Frau praktisch durchführen läßt. Eine Gesellschaft zwischen Zweien auf Lebenszeit eingegangen, kann gekündigt werden (§ 724 B.G.B.). Bei der Ehe dagegen handelt es sich darum, die Kündigung (Scheidung) möglichst zu vermeiden.

[5]) Vergl. hierzu namentlich Sohm: Ueber den Entw. eines B.G.B. für das Deutsche Reich in II. Lesung. Ein Vortrag. Berlin 1896 S. 18 f. Etwas sanguinisch sagt Sohm a. a. O. S. 20 f., die Deutsche Praxis werde „den Buchstaben des Gesetzes, wo er dem wahren Rechte zuwider ist, an die Wand drücken, um dem Einzelfall mit wahrer Künstlerkraft das Recht zu schöpfen, welches er verlangt".

[[2]] Eine beachtenswerthe Kritik des B.G.B. vom Standpunkte der Frauenrechte giebt Bulling, Geh. Justizrath. Die deutsche Frau und das B.G.B. 2. Aufl. Berlin 1896. — Bei Beurtheilung der Angriffe der Frauenrechtler gegen das

Gleichwohl darf behauptet werden, daß die Kritik nicht ihre Berechtigung eingebüßt, sondern nur ihr Ziel verändert hat, daß ihr auch jetzt noch ein weites Feld zu wirksamem Eingreifen offen steht; freilich nicht in Form von Verbesserungsvorschlägen, sondern vielmehr als Wegweiser für die Auslegung, Ergänzung und Fortbildung des in dem B.G.B. normirten Rechtes.

Eine besondere Handhabe hierzu bietet das B.G.B. durch eine Eigenthümlichkeit, welche den Verfassern vielfach zum Vorwurfe gemacht worden ist. Es hat nämlich in einer Reihe der wichtigsten Fragen nicht selbst bestimmt, was Recht sein soll, sondern dies dem richterlichen Ermessen, mit anderen Worten der Wissenschaft und Rechtspflege überlassen.[6])

So ist z. B. in § 1363 als gesetzlicher Güterstand die Verwaltungsgemeinschaft bestimmt. Dieser Thatsache gegenüber wäre es allerdings für jetzt müßig, kritisch zu untersuchen, ob nicht als gesetzlicher Güterstand die dem Bedürfniß der großen Volksmasse entsprechende Erwerbs-

---

Gesetzbuch darf Folgendes nicht unbeachtet bleiben. Das B.G.B. macht einen außerordentlichen Fortschritt auf dem Gebiete des Frauenrechts gegenüber den bisherigen Zuständen. Es geht namentlich grundsätzlich aus von privatrechtlicher Gleichberechtigung der Geschlechter und unbeschränkter Geschäftsfähigkeit der Frau. Die aufrechterhaltenen Ungleichheiten aber sind in der Hauptsache nicht willkürliche Erfindungen, sondern es sind Ueberreste und Folgerungen des die Grundlage unserer Kultur bildenden Vaterrechts, welches ein Gesetzgeber nicht ohne Weiteres ignoriren oder beseitigen kann. — S. zu Obigem namentlich Herm. Jastrow, Das Recht der Frau nach dem B.G.B. Berlin 1897. G. Planck, Die rechtliche Stellung der Frau nach dem B.G.B. Göttingen 1899. — Ueber das System des Vaterrechts A. G. Post, Grundriß der ethnologischen Jurisprudenz. Oldenburg und Leipzig 1894. Bd. I S. 79 ff.

Der Bund Deutscher Frauenvereine hofft noch jetzt in letzter Stunde durch eine dem Reichstage einzureichende Massenpetition Abänderung gewisser Vorschriften des Familienrechts (u. A. auch der §§ 1354, 1363) herbeizuführen. Einen unmittelbaren Erfolg wird die Petition zunächst nicht haben. Immerhin ist von Interesse die von der Schriftführerin der Rechtskommission, Freiin Olga van Beschwitz verfaßte treffliche Begleitschrift der Petition, abgedruckt in Nr. 5 des Centralblatts des Bundes Deutscher Frauenvereine vom 1. Juni 1899 [I. Jahrg. S. 33 ff.].

[6]) S. Bulling a. a. O. S. 74: „Eine solche absichtlich gelassene Rechtslücke hassen die Menschen, weil dieselbe sie mit ihrem Rechtsvertrauen statt auf das Gesetz auf das verweist, was der Richter für Recht und Unrecht hält, und auf seine Theorieen hierüber; und weil die Lücke sie nicht im Voraus erkennen läßt, welcher Rechtssatz auf ihren Fall Anwendung finden wird. Man hat für eine solche Rechtslücke den sehr zutreffenden Namen Kautschukparagraph erfunden."

gemeinschaft, oder die von den Frauen der gebildeten Stände geforderte Gütertrennung vorzuziehen gewesen wäre.[7])

Handelt es sich aber z. B. um ein Rechtsgeschäft, welches zur ordnungsmäßigen Besorgung der persönlichen Angelegenheiten der Frau erforderlich ist und zu welchem andererseits die Frau der Zustimmung des Mannes bedarf, so ist gemäß § 1402 vom Vormundschaftsgericht zu entscheiden, ob der Mann, welcher seine Zustimmung verweigert, hierfür ausreichenden Grund hat oder nicht.

Hier tritt die Kritik in ihr Recht in Form der Auslegung und Weiterbildung. Sie ergänzt das Gesetzbuch durch Aufstellung der Grundsätze, nach denen in solchem Falle das Gewicht der Weigerungsgründe des Mannes zu beurtheilen ist.

---

[1]) Der in den Mot. IV S. 143 hervorgehobene Umstand, daß zur Zeit der Rezeption das Römische Dotalrecht nur in einem verhältnißmäßig kleinen Theile Deutschlands thatsächliche Geltung habe erlangen können, würde an sich nicht ausschlaggebend sein für die Beantwortung der Frage, was für die gebildeten Stände in Deutschland am Ende des 19. Jahrhunderts das Passendste ist.

[[2]] Zur Rechtfertigung der Gestaltung, welche das eheliche Güterrecht im B.G.B. gefunden hat, s. Mot. IV S. 143—161 und Schroeder, Das eheliche Güterrecht nach dem B.G.B. 2. Aufl. Berlin, J. Guttentag 1899 S. 7 ff., S. 15 Anm. 1. Planck, Die rechtliche Stellung der Frau nach dem B.G.B. (Vortrag) Göttingen 1899 S. 14 f., 23 f. — Verfasser ist noch jetzt der Meinung, daß für die große Masse des arbeitenden Volks, mithin als gesetzlicher Güterstand die sog. Errungenschaftsgemeinschaft am passendsten gewesen wäre, nach welcher bei Trennung der Ehe der Frau die Hälfte des während der Ehegemeinschaft gemachten Erwerbes zufällt. „Der überwiegende Theil unserer Frauen, — sagt Jastrow (Das Recht der Frau nach dem B.G.B. S. 38f.), — hat weder Vermögen noch einen eigenen Erwerb von der Art, daß er eigenes Vermögen abwürfe. Ihre Aufgabe ist, die Wirthschaft des Hauses zu besorgen oder auch dem Manne im Geschäfte zu helfen. Nicht selten kommt der Fall vor, daß ein solches Geschäft, ohne Vermögen begonnen, seinen Inhaber zu Wohlstand bringt. Alles Erworbene gehört dann dem Manne. Und doch hat die Frau ihr gut Theil daran, selbst wenn sie dem Geschäfte fern geblieben ist." — — „Um wieviel größer ist ihr Antheil, wenn sie selbst mitgeholfen hat. Hier die Frau damit abzuspeisen, daß man ihr sagt, für ihre Arbeit wäre sie durchgefüttert worden in der Ehe, das ist eine wahre Herabwürdigung der Frau. Denn das heißt, die Frau noch unter die gedungene Lohnarbeiterin stellen, die bei guter Arbeit immerhin mehr erwerben kann als ihren bloßen Unterhalt." — — „Daß der Frauenbewegung dieses Unrecht gänzlich entgangen ist, kann man sich nur aus der maßlos einseitigen Betonung der formalistischen Gleichberechtigung der Frau erklären." — Soweit Jastrow. In der That erklärt sich die einseitige Agitation für das undeutsche System der Gütertrennung dadurch, daß die Bewegung von Frauen der höheren Stände ausgegangen ist und sich bis jetzt im Wesentlichen auf diesen Kreis beschränkt. —

Innerhalb des persönlichen Eherechts soll u. A. der Richter nach freiem Ermessen entscheiden:

ob im Falle des Rücktritts vom Verlöbnisse hierzu ein wichtiger Grund vorlag? (§§ 1298, 1299);

ob eine vom Ehemanne beliebte Entscheidung oder Verfügung in einer die eheliche Gemeinschaft betreffenden Angelegenheit sich als Rechtsmißbrauch darstellt, so daß die Frau nicht Folge zu leisten braucht? (§§ 1354, 1357, 1358);

ob im Falle einer Klage auf Scheidung wegen vom Beklagten verschuldeter Zerrüttung des ehelichen Verhältnisses dem Kläger die Fortsetzung der Ehe zugemuthet werden kann, mithin die Klage abzuweisen ist, oder ob ihm die Fortsetzung nicht zugemuthet werden kann? (§ 1568).

Es ist ohne Weiteres klar, daß in derartigen Fällen eine einheitliche und sachgemäße Rechtsprechung nur durch energisches Eingreifen einer Kritik ermöglicht werden kann, welche sich nicht mehr damit begnügt, den Verfassern vorzuwerfen, sie hätten, statt die schwierige Entscheidung, was Recht sein soll, selbst zu treffen, dieselbe der richterlichen Willkür überlassen. Sie hat vielmehr die für die Entscheidung maßgebenden Gesichtspunkte naturgesetzlich und wissenschaftlich zu entwickeln, um einer Abirrung der Praxis auf Nebenwege vorzubeugen.

Das Eherecht des B.G.B. charakterisirt sich im Allgemeinen dadurch, daß es ein für die Angehörigen aller Konfessionen gleichmäßig geltendes staatliches Recht ist, auch insofern einheitlich gestaltet, als es für die Landesgesetzgebung keinen Raum läßt. Hiervon gelten nur zwei Ausnahmen im Rechte der Eheschließung, nämlich 1) hinsichtlich der Eheschließung der Beamten und Ausländer § 1315 und 2) hinsichtlich des Bayerischen Reservatrechts in Bezug auf Heimath, Verehelichung und Aufenthalt. [7a]) Auch sind die Institute der Ehe zur linken Hand und der Mißheirath beseitigt.

Dies vorausgeschickt, gehen wir nunmehr zur Einzelerörterung über und beginnen — der Legalordnung folgend — mit

Tit. I. Verlöbniß.

Im Gegensatz zum Römischen Rechte hatte — im Anschlusse an das Kanonische Recht — die gemeinrechtliche Praxis das Verlöbniß als klagbaren Vertrag anerkannt.

[7a]) [2] Ueber das auf dem Versailler Bündnißvertrage und Schlußprotokoll vom 23. November 1870 beruhende Sonderrecht Bayerns s. Unzner S. 17 f.

Es begründet einen Anspruch auf Schließung der Ehe, event. auf Entschädigung.

Auf demselben Boden steht das Preußische Landrecht und andere Landesgesetze.[8])

Inzwischen hatte durch die Reichsgesetzgebung dieser Anspruch auf Abschließung der Ehe seine praktische Bedeutung verloren, und zwar dadurch, daß, wo eine Verurtheilung zur Eingehung der Ehe an sich zulässig ist, eine Vollstreckung solcher Entscheidungen gleichwohl nach §§ 888 Abs. 2, 894 Abs. 2 C.P.O. nicht stattfindet.

Es haben aber auch zahlreiche neuere Gesetze eine Klage auf Eingehung der Ehe von vornherein ausgeschlossen, und nur einen Entschädigungsanspruch zugelassen.[9])

Indessen auch der Entschädigungsanspruch pflegt, wo er gesetzlich besteht, ziemlich unpraktisch zu sein, weil diese Gesetze die Klagbarkeit des Verlöbnisses von der Beobachtung bestimmter Formen abhängig machen, welche aber der Volkssitte fremd geblieben sind.[9a]) Die Verlöbnisse werden thatsächlich fast immer formlos abgeschlossen.

Dazu kommt, daß nach § 39 des Reichscivilstandsgesetzes vom 6. Februar 1875 ein bestehendes Verlöbniß nicht mehr als Ehehinderniß anerkannt ist, d. h. kein Widerspruchsrecht mehr begründet gegen eine beabsichtigte anderweitige Eheschließung.

Die Rechtsentwickelung hat in der That seit dem Mittelalter die Richtung verfolgt, die Wirkungen des Verlöbnisses immer mehr einzuschränken.

Dieser Tendenz entsprechend und im Anschlusse an die vorhererwähnten Bestimmungen der C.P.O. verordnet das B.G.B. im § 1297:

„Aus einem Verlöbnisse kann nicht auf Eingehung der Ehe geklagt werden.[10])

---

[8]) S. Preuß. A.L.R. II 1 §§ 82, 99, 112 ff. verbunden mit A.G.O. I 40 § 1, § 10. Vergl. im Uebrigen Mot. IV S. 1.

[9]) S. Sächs. B.G.B. §§ 1579, 1581 und die in den Mot. IV S. 2 citirten Gesetze.

[9a]) [[2]] So schreibt z. B. Preuß. A.L.R. II 1 §§ 82 ff. gerichtliche oder notarielle Form vor, welche jedoch durch das mit Bewilligung beider Theile erfolgte Aufgebot ersetzt wird. — In Bayern ist nach Art. 16 des Notariatsges. v. 10. November 1861 notarielle Form erforderlich. S. Engelmann S. 3.

[10]) Im Entw. I begann dieser Titel mit der Bestimmung (§ 1227): „Durch das Verlöbniß wird eine Verbindlichkeit der Verlobten zur Schließung der Ehe nicht begründet." Dies wurde in II. Lesung dahin abgeändert, daß nur nicht auf Eingehung der Ehe geklagt werden kann, — um nicht den Anschein zu erwecken, als solle auch die im Verlöbniß liegende sittliche Verpflichtung negirt werden. Die

Das Versprechen einer Strafe für den Fall, daß die Eingehung der Ehe unterbleibt, ist nichtig." [11])

Die ausdrückliche Ausschließung der Klage wurde für nothwendig erachtet Angesichts des § 774 (jetzt 888) C.P.O., welcher im Falle der Verurtheilung zur Eingehung der Ehe die Vollstreckung durch Geldstrafen und Haft ausschließt; denn es verstoße gegen die Würde des Rechtes, ein prozessualisches Verfahren und Urtheil zuzulassen, welchem das Gesetz aus sittlichen Gründen die Vollstreckbarkeit versagen muß.[12])

Dagegen steht nach §§ 1298, 1299 im Falle unbegründeten Rücktrittes dem anderen Verlobten und dessen Eltern, sowie Dritten an Stelle der Eltern handelnden Personen, ein Anspruch auf Schadenersatz zu, soweit die in Erwartung der Ehe gemachten Aufwendungen und getroffenen Maßnahmen, z. B. Nichtannahme anderweitiger Versorgung, den Umständen nach angemessen waren.

In demselben Umfange ist schadenersatzpflichtig der Verlobte, welcher den Rücktritt des Anderen durch sein Verschulden veranlaßt.

Werden thatsächlich Entschädigungsansprüche erhoben, so wird es regelmäßig auf die Entscheidung der folgenden beiden Fragen ankommen (Mot. IV p. 4):

1. ist ein Verlöbniß als vorhanden anzunehmen? und
2. erscheint der Rücktritt als durch das Vorliegen eines „wichtigen Grundes" gerechtfertigt oder nicht?

In beiderlei Beziehung hat das Gericht freies Ermessen,[12 a]) mit

---

Entscheidung der Frage, ob und unter welchen Umständen das Verlöbniß ein Rechtsgeschäft sei, wurde der Wissenschaft überlassen. S. den Bericht der Reichstags-Kommission über das Familienrecht (Nr. 440 b.) S. 1 f.

[11]) Anwendung von § 344. — Im R.R. galt ein solches Strafversprechen als unsittlich und deshalb als nichtig. L. 134 pr. D. de V.O. 45, 1. c. 2. C. de inutil. stipul. 8, 38. Später hatte man jedoch die Bekräftigung durch arra zugelassen, c. 5 C. de sponsalibus 5, 1.

[12]) S. Reatz, Entw. eines B.G.B. II. Lesung Bd. II, S. 1. Anm. 1 [2] Prot. IV S. 2 f., und Engelmann S. 5 (A. 2 zu § 1297). — Auch in der neuen Fassung schließt § 888 Abs. 2 C.P.O. die Zwangsvollstreckung zur Eingehung einer Ehe aus, was — abgesehen von der Uebergangszeit — neben § 1297 praktische Bedeutung hat für solche Fälle, in denen es sich um Vollstreckung ausländischer auf Eingehung der Ehe lautender Urtheile handelt (§§ 328[4], 661 C.P.O.) oder in denen entgegen § 1297 Verurtheilung zur Eingehung einer Ehe erfolgt sein sollte. Mot. z. Einf.G. S. 102.

[12 a]) [2] Ein Verlöbniß ist nur dann vorhanden, wenn erhellt, daß nicht bloße Liebschaft oder einseitige Versprechungen vorliegen, sondern Eheversprechen gegenseitig gegeben sind. — Was die Beurtheilung des Rücktrittes betrifft, so finden, falls

der Maßgabe, daß nach der Fassung des Gesetzes (§ 1298 Abs. 3) der Beklagte den seinen Rücktritt rechtfertigenden Grund zu beweisen hat.

Daß nicht nur dem anderen Verlobten, sondern auch dessen Eltern der Ersatzanspruch gegeben ist, rechtfertigt sich durch die Erwägung, daß in den meisten Fällen sie es sind, welche in Erwartung der Verheirathung ihres Kindes die zu erstattenden Aufwendungen gemacht haben.[13])

Die Reichstags-Kommission hat dann noch den (in der Vorlage nicht enthaltenen) Satz eingeschoben:

> „sowie dritten Personen, welche an Stelle der Eltern gehandelt haben";

damit nicht der grundlos zurücktretende Verlobte von einer berechtigten Schadenersatzpflicht loskomme in Folge des rein zufälligen Umstandes, daß die Ausstattung nicht von den Eltern beschafft sei, sondern von Stiefeltern, Pflegeeltern, Verwandten oder Freunden.[14])

Nicht selten wird ein Verlobter ex mera poenitentia zurücktreten wollen, ohne sich den Folgen eines unbegründeten Rücktritts auszusetzen. Er könnte zu diesem Zwecke es darauf anlegen, den anderen Verlobten durch ein empörendes Verhalten dahin zu bringen, daß er seinerseits zurücktritt. Daher erklärt § 1299 den Verlobten, durch

---

das Verlöbniß als Rechtsgeschäft betrachtet, nichtig oder anfechtbar sein würde, die §§ 105—124, 134 B.G.B. Anwendung, nach welchen unter Umständen Ersatzansprüche begründet sind. Liegen nur aufschiebende Ehehindernisse vor (§ 1303, 1305, 1306, 1313—1315), so ist der Rücktritt dann gerechtfertigt, wenn die vorausgesetzte Beseitigung des Hindernisses nicht eintritt. — In andern Fällen wird der Rücktritt nicht nur dann als gerechtfertigt zu erachten sein, wenn Gründe vorliegen, aus denen Ehescheidung würde verlangt werden können, sondern auch bei Eintreten oder Bekanntwerden irgend eines Umstandes, dessen Kenntniß geeignet gewesen wäre, von Eingehung des Verlöbnisses abzuhalten [analog § 1333], z. B. ansteckende Krankheit, in der Regel auch mangelnde Einwilligung der Eltern oder gesetzlichen Vertreter (§§ 1304—1306); Bruch der Verlöbnißtreue und mangelnde Jungfrauschaft s. R.G.E. 40 S. 182. Näheres bei Unzner, S. 11 ff., Engelmann S. 6.

[13]) Der Anspruch ist unabhängig davon, ob im vorliegenden Falle es der Einwilligung der Eltern zur Eheschließung bedurfte oder nicht. Mot. IV S. 5.

[14]) S. Kommissionsbericht Nr. 440 b S. 4. — [2] Die Aufwendungen oder Verbindlichkeiten brauchen nicht grade für die Zwecke der Ehe gemacht bezw. eingegangen zu sein; z. B. Kosten eines Verlobungsfestes, Entschädigung für Aufgabe einer Erwerbsstellung oder wegen Zurückweisung des Angebots einer solchen. — Die Fassung des Gesetzes bezweckt übrigens, gewöhnliche Hochzeitsgeschenke auszuschließen. S. Unzner S. 10.

dessen Schuld der andere Verlobte zum Rücktritt veranlaßt wird, in demselben Maße für ersatzpflichtig, als wäre er selbst ohne genügenden Grund zurückgetreten.[14a])

In den bisher erörterten Bestimmungen ist, wie hervorgehoben zu werden verdient, von einem „Rücktritt" nur im vulgären, nicht im technischen Sinne die Rede.[15]) Ein „Rücktritt" im technischen Sinne würde voraussetzen, daß das Verlöbniß einen verbindlichen, die Verpflichtung zur Erfüllung event. Interesseleistung begründenden Vertrag enthält, einen sog. Vorvertrag (pactum de contrahendo). Dies ist aber unzweifelhaft nicht der Fall. Denn bei Nichtvollziehung der Ehe findet weder ein Anspruch auf das Erfüllungsinteresse statt, noch auf eine Abfindung, sei es als Ersatz für die entgehenden Vortheile, sei es als zu gewährende Genugthuung. Die Denkschrift hebt S. 167 ausdrücklich hervor, daß derartige Ansprüche sich mit dem sittlichen Wesen der Ehe nicht vertragen, weil sie als Zwangsmittel wirken und die Freiheit der Willensbestimmung bei der Eheschließung beeinträchtigen würden.[15a])

[14a]) Anwendung des § 162. — Die Absicht, den anderen Theil zum Rücktritte zu veranlassen, ist übrigens nicht erforderlich.

[15]) „Rücktritt" setzt einen Vertrag voraus, im Gegensatze zum „Widerruf" einseitiger Verfügungen und Erklärungen. S. m. Abhandl. über „Die fehlerhaften Rechtsgeschäfte" im Arch. für civ. Praxis Bd. 86, S. 108 Anm. 111.

[15a]) [2] In der gemeinrechtlichen Theorie und Praxis gilt das Verlöbniß als ein auf Eingehung einer künftigen Ehe gerichteter Vertrag. Mot. IV S. 1, Mot. z. Einf.G. S. 278. Dies wird vom Reichsgericht E. 29 S. 98, 39 S. 188 näher wie folgt erläutert. Das Verlöbniß habe eine familienrechtliche und eine obligatorische Seite. Neben dem (die Ehe vorbereitenden) familienrechtlichen Verhältnisse bestehe eine auf höchstpersönliche Leistung (Eingehung der Ehe) gerichtete Obligation (pactum de contrahendo). Aus dieser Obligation könne zwar nach gemeinem Rechte nicht alternativ geklagt werden auf Eheschluß oder Abfindung, sondern zunächst allein auf Ersteres. Wird aber der prinzipale Anspruch schuldhaft vereitelt, z. B. durch anderweitige Verheirathung oder durch Selbstmord, so verwandelt er sich sofort in einen Anspruch auf das Interesse, der wie jede Geldschuld auf die Erben des Schuldners übergeht. R.G.E. 39 S. 190.

Die Gründe, aus denen diese Auffassung des Verlöbnisses als klagbarer Vertrag bezw. als pactum de contrahendo auf das Verlöbniß des B.G.B. nicht anwendbar ist, sind im Texte angeführt. — Das Reichsgericht hat übrigens E. 29 S. 99 angenommen, ein Verlöbniß, welches wissentlich mit einer verheiratheten Person für den Fall geschlossen wird, daß deren beabsichtigte oder bereits eingeleitete Scheidung wirklich erfolgt, sei unsittlich und derart nichtig, daß aus demselben keinerlei Ansprüche hergeleitet werden können.

Mit anderen Worten: es ist davon auszugehen, daß der Regel nach die Ueberzeugung von der Möglichkeit einer dauernden ehelichen Lebensgemeinschaft erst während der als Probezeit zu betrachtenden Dauer der Verlobung zu erlangen ist. Wer sich also in dieser Beziehung bei Eingehung des Verlöbnisses übereilt oder geirrt hat, ist nicht nur berechtigt, sondern sogar verpflichtet, die beabsichtigte Eheschließung zu unterlassen. Es wäre gewissenlos und auch gegen das öffentliche Interesse, wenn voraussichtlich unglückliche Ehen blos deshalb eingegangen würden, weil wer einmal A gesagt hat, auch B sagen muß.[16])

Die in den §§ 1298, 1299 gegebenen klagbaren Ersatzansprüche sind also nicht Ansprüche aus dem Verlöbnißvertrage (ex pacto),[16a]) sondern soweit es sich um für die künftige Ehe gemachte Zuwendungen handelt, sind sie Rückforderungen wegen vereitelten Zweckes (condictiones datorum ob causam); im Uebrigen beruhen sie auf dem Grundsatze, daß wer Andere zu kostspieligen Maßnahmen veranlaßt, die Folgen zu tragen hat, falls der Zweck durch sein Verschulden

---

[16]) In diesem Sinne heißt es in dem Bericht der Reichstags-Kommission Nr. 440b S. 2: Es sei selbstredend, daß ein frivoler Bruch eines Verlöbnisses unmoralisch sei; aber so weit zu gehen, die Verpflichtung, ein Verlöbniß auszuführen, zu einer wenn auch nicht klagbaren Rechtsverpflichtung zu machen, liege kein Grund vor. — S. auch Prot. IV S. 2 f. und Bulling: Die deutsche Frau und das B.G.B. S. 68 f.

[16a]) [2] Unzner S. 8 f., S. 11 führt aus, an sich seien zwei Auffassungen der im §§ 1298—1302 gegebenen Ansprüche möglich, entweder das Verlöbniß als Vertrag zu betrachten mit abgeschwächter Wirkung, oder als einen thatsächlichen Vorgang, welcher im Falle des ungerechtfertigten Rücktrittes die in obigen Paragraphen bezeichneten Folgen nach sich zieht. — Angenommen, das Verlöbniß wäre nach den allgemeinen Grundsätzen §§ 105, 116—118 nichtig, bezw. nach §§ 119, 120, 123 anfechtbar und rechtzeitig angefochten, so würde es als Vertrag aufgefaßt nunmehr nichtig sein. Es könnten also aus diesem Grunde Ansprüche aus ihm nicht hergeleitet werden. — Würde dagegen das Verlöbniß als rein thatsächlicher Vorgang aufgefaßt, so wäre es an sich gültig; Mängel der Geschäftsfähigkeit bezw. Anfechtungsgründe würden nur als den Rücktritt rechtfertigende Umstände geltend gemacht werden können. Dies müsse auch gelten bei mangelnder Einwilligung der gesetzlichen Vertreter bezw. bei entgegenstehenden Eheverboten. — Unzner selbst entscheidet sich für die Auffassung als Vertrag, weil B.G.B. die Wirkungen des Verlöbnisses abschwächen, nicht aber verschärfen wollte. — M. E. ist das Verlöbniß zwar kein Vertrag, aber als gegenseitiges Eheversprechen [Anm. 12a] den allgemeinen Vorschriften über Willenserklärungen unterworfen. Als familienrechtliches Verhältniß hat es neben der Treueverpflichtung hauptsächlich öffentlich-rechtliche Wirkungen: §§ 51, 52 Str.P.O., §§ 383 ff. C.P.O. S. Engelmann S. 4.

vereitelt wird (culpa in contrahendo). Diese Gesichtspunkte müssen auch für die Beurtheilung der Wichtigkeit der Rücktrittsgründe maßgebend sein.

Weiterhin war in den Mot. IV S. 5 auf die allgemeinen Grundsätze über unerlaubte Handlungen Bezug genommen und bemerkt: wer durch Betrug zur Eingehung eines Verlöbnisses veranlaßt worden, der sei ex delicto den Ersatz des negativen Interesses zu fordern berechtigt. Ein Bedürfniß, für solche Fälle besondere Vorschriften zu geben, liege nicht vor.[16b])

In II. Lesung ist man jedoch von dieser letzteren Auffassung abgegangen und hat solche besonderen Bestimmungen eingeschaltet, hinsichtlich deren Folgendes zu bemerken ist.

I. In dem Abschnitte von den Schuldverhältnissen aus unerlaubten Handlungen enthielten bereits Entw. I § 728 und Entw. II § 770 Abs. 2 eine Bestimmung, nach der eine Frauensperson, gegen welche durch Vollziehung des Beischlafes eine der in §§ 176, 177, 179, 182 des Str.G.B. bezeichneten Handlungen (Nothzucht, Betrug, Verführung eines unbescholtenen Mädchens unter 16 Jahren) begangen ist, eine billige Entschädigung in Geld verlangen kann, auch wegen eines anderen Schadens, als eines Vermögensschadens.

Dieser für unübertragbar und unvererblich erklärte Anspruch ist im B.G.B. jeder Frauensperson zugestanden, gegen die ein Verbrechen oder Vergehen wider die Sittlichkeit begangen oder die durch Hinterlist, durch Drohung oder unter Mißbrauch eines Abhängigkeitsverhältnisses zur Gestattung der außerehelichen Beiwohnung bestimmt wird. Neben dieser den jetzigen § 847 bildenden Bestimmung ist ein § 825 eingeschaltet, welcher wie folgt lautet:

> „Wer eine Frauensperson durch Hinterlist, durch Drohung oder unter Mißbrauch eines Abhängigkeitsverhältnisses zur Gestattung der außerehelichen Beiwohnung bestimmt, ist ihr zum Ersatz des daraus entstehenden Schadens verpflichtet."[16c])

[16b]) [2] Unzweifelhaft kann (neben § 1298) auf Grund §§ 823, 826 Anspruch auf vollständigen Schadenersatz erhoben werden z. B. weil Kläger durch betrüglich gegebenes Eheversprechen zu Vermögensaufwendungen veranlaßt sei.

[16c]) Der entsprechende § 809 der Vorlage lautete: „Wer eine Frauensperson durch Anwendung hinterlistiger Kunstgriffe zur Gestattung der außerehelichen Bei-

Die nachträgliche Einschaltung dieses § 825 (§ 748^{a} Entw. II) hat demnach folgende Bedeutung.

Die in der angegebenen Weise zur Beischlafsgestattung bestimmte Frauensperson hat Anspruch:

a) nach § 825 auf Ersatz etwaigen Vermögensschadens.
Dieser Anspruch ist nach den allgemeinen Grundsätzen übertragbar und vererblich.

b) nach § 847 auf billige Geldentschädigung für andere Nachtheile, unabhängig von Vermögensschaden.
Dieser Anspruch ist unübertragbar und unvererblich.

II. Bei der Berathung über die Wirkungen des Verlöbnisses war die Frage aufgeworfen: soll der verlassenen Braut Ersatz gewährt werden für die durch die Auflösung des Verlöbnisses für ihr Fortkommen herbeigeführten Nachtheile? Es wurde zwar anerkannt, daß unter Umständen das Rechtsgefühl eine Sühne fordere, aber trotzdem die Frage von der Mehrheit der Kommission verneint. Man fürchtete einerseits, Anlaß zu geben zu mißlichen spekulativen Prozessen, hielt andererseits die richterliche Bemessung der Entschädigung für eine kaum zu lösende Aufgabe. — Hinterher aber, bei Berathung der Ansprüche aus dem außerehelichen Beischlaf, wurde die Anerkennung eines Anspruchs auf billige Entschädigung für den Fall der Beischlafsgestattung im Brautstande beschlossen. Darauf beruht der jetzige § 1300[17]) dahin lautend:

> „Hat eine unbescholtene Verlobte ihrem Verlobten die Beiwohnung gestattet, so kann sie, wenn die Voraussetzungen des § 1298 oder des § 1299 vorliegen,[17a]) auch wegen des Schadens, der nicht Vermögensschaden ist, eine billige Entschädigung in Geld verlangen.[18])

---

wohnung verleitet, ꝛc. ꝛc. — Die jetzige Fassung beruht auf einem einstimmigen Beschlusse der Reichstags-Kommission. S. Kommissionsbericht Nr. 440 S. 104.

[17]) Anwendung des § 253. — S. auch Reatz a. a. O. II S. 2 Anm. 2 und Prot. IV S. 695 ff.

[17a]) D. h. wenn der andere Theil ohne wichtigen Grund zurückgetreten ist oder seinerseits die Braut zum Rücktritt durch sein Verschulden veranlaßt hat. Ueber den Begriff der Unbescholtenheit s. die Kommentare zu § 182 des Str.G.B. — Verführung seitens des Bräutigams oder Schwängerung ist nicht erforderlich. — Liegt keine Verlobung, wohl aber einseitiges Eheversprechen des Mannes vor, so würde ein Anspruch nur aus § 847 zu begründen sein.

[18]) S. Reatz a. a. O. II S. 2 Anm. 2, Prot. IV S. 697 f. In dem entsprechenden § 1206 Entw. II hieß es — statt der im Texte hervorgehobenen Worte: „unbe-

Der Anspruch ist nicht übertragbar, und geht nicht auf die Erben über, es sei denn, daß er durch Vertrag anerkannt oder daß er rechtshängig geworden sei."

In den besprochenen Bestimmungen ist, wie man sieht, ein grundsätzlicher Unterschied festgehalten:

Die Geldentschädigungen, welche als Genugthuung (satisfactio) für erlittene Kränkung resp. für nicht vermögensrechtliche Nachtheile gewährt werden, wenn ein Verbrechen vorliegt oder eine Beischlafsgestattung unter Umständen, für welche das Rechtsgefühl eine Sühne gebieterisch erheischt (§§ 847, 1300), sind als höchstpersönlich, als actiones vindictam spirantes anerkannt.

Die Ersatzansprüche für den Vermögensschaden hingegen, welcher entstanden ist, sei es durch außereheliche Beiwohnung, zu welcher die Frauensperson, wie angegeben, durch verwerfliche Mittel bestimmt wurde (§ 825), sei es durch Rücktritt vom Verlöbniß oder Veranlassung des Rücktritts des anderen Theils (§§ 1298, 1299) sind vererblich, übertragbar und pfändbar, wie andere Vermögensansprüche.

Was ein Verlobter dem anderen (in Veranlassung des Brautstandes) schenkt oder „zum Zeichen des Verlöbnisses giebt", gilt als ob causam futuram, für die abzuschließende Ehe gegeben.

Es muß daher nach § 1301 herausgegeben werden, wenn die Eheschließung (mit oder ohne Verschulden) unterbleibt; und zwar gelten dabei die Vorschriften über Herausgabe der sog. ungerechtfertigten Bereicherung (§§ 812 ff.).[18a])

Mithin ist die Rückforderung nach § 815 ausgeschlossen, wenn „der Leistende den Eintritt des Erfolges wider Treu und Glauben verhindert hat". (Mot. IV S. 4 und 7.)

Im Zweifel ist sie auch dann ausgeschlossen, wenn das Verlöbniß durch den Tod aufgelöst wird.

---

schadet der dort bestimmten Ersatzansprüche — auch wenn sie einen Vermögensschaden nicht erleidet". — Der Beklagte kann übrigens im Falle des § 1299 den Anspruch aus § 1300 nicht etwa beseitigen durch das Erbieten, die Klägerin zu ehelichen. S. Engelmann S. 7 (Anm. 2 zu § 1300).

18a) [2] Die Vorschrift des § 1301 ist dispositiv. Die Verlobten können abweichende Bestimmungen treffen. Prot. IV S. 10 f. Engelmann S. 8 (Anm. 2 zu § 1301).

Schließlich bestimmt § 1302, daß die in Rede stehenden Ansprüche auf Schadenersatz und Herausgabe (§§ 1298—1301) in zwei Jahren, von der (event. aus den Umständen zu entnehmenden) Auflösung des Verlöbnisses an gerechnet, verjähren.

Im Anschlusse an neuere Gesetze hatten die Entwürfe eine kurze Verjährung und zwar von einem Jahre als unentbehrlich erachtet, theils wegen der Schwierigkeit, die hier in Betracht kommenden Vorgänge nach längerer Zeit noch zu ermitteln, theils zum Schutze gegen Störung des Familienfriedens durch chikanöse Ansprüche. (Mot. IV S. 8.)

Dem Reichstage schien die einjährige Frist zu kurz, weil Zartgefühl und Pietät den überlebenden Verlobten abhalten müßten, so bald nach dem Tode des Anderen Verhandlungen wegen Rückgabe der Geschenke anzuknüpfen.

Er hat deshalb die Frist auf zwei Jahre verlängert.[19])

Im Falle einer Normenkollision ist maßgebend für die persönliche Fähigkeit zur Eingehung eines Verlöbnisses Art. 7, für die Form Art. 11 des Einf.G., für die sonstigen Erfordernisse und Wirkungen (außerkontraktlicher Schadenersatz) das Personalstatut des Beklagten.[19a])

Auf die vor dem Inkrafttreten des B.G.B. eingegangenen Verlöbnisse ist nicht etwa Art. 170 Einf.G. anwendbar; denn nicht die Eingehung des Verlöbnisses begründet ein Schuldverhältniß. Ein solches entsteht vielmehr erst durch die verschuldete bezw. nicht begründete Auflösung desselben (§§ 1298—1302) unter dem Gesichtspunkte der condictio ob causam bezw. der culpa in contrahendo.

Es kann also, wenn die Auflösung erst unter dem neuen Rechte eintritt, auch nur dieses zur Anwendung kommen.[19b]) — Das neue Recht kommt auch dann zur Anwendung, wenn das vor dem 1. Januar 1900 eingegangene Verlöbniß den damals geltenden landesgesetzlichen Formvorschriften nicht entsprach. Denn der Verlöbnißzustand hat unter dem neuen Rechte fortgedauert. Dadurch ist er rechtsgültig geworden. Es verhält sich damit ähnlich, wie mit der Heilung der Ungültigkeit der Ehe nach Art. 198 Einf.G.

---

[19]) S. Kommissionsbericht Nr. 440 b S. 6.

[19a]) [2] S. Niedner S. 35 (Anm. 2a zu Art. 13 Einf.G.).

[19b]) [2] A. M. Engelmann S. 4 (Vorbem. 10 zu Tit. I).

Die Wirkungen des Verlöbnisses gehören wesentlich dem zwingenden Rechte an. Weitergehende Wirkungen, als das B.G.B. gestattet, kann es nicht äußern, wenn die Auflösung unter dessen Herrschaft erfolgt. Hat dagegen die Auflösung unter dem alten Rechte stattgefunden, so gehört es mit seinen Wirkungen ausschließlich diesem an. Es können daher nach dem früheren Rechte begründete Ansprüche auf Abfindung oder Strafe auch noch nach dem 1. Januar 1900 geltend gemacht werden.[19c])

Tit. II. Eingehung der Ehe.

Dieser Tit. handelt von den Erfordernissen und der Form der Eheschließung.[19d])

In den Mot. wird die Auffassung vertreten, die korrekte Bezeichnung für die Eingehung der Ehe sei eigentlich „Eheschließungsvertrag", im Anschlusse an den in der gemeinrechtlichen Literatur herrschenden Sprachgebrauch, nach welchem alle oder doch fast alle Rechtsgeschäfte unter Lebenden als Verträge bezeichnet werden. Daher entschuldigen auch die Mot. (IV S. 47) die Ausdrucksweise: „Nichtigkeit oder Anfechtbarkeit der Ehe" — statt „des Eheschließungsvertrages" damit, daß ersterer Ausdruck doch kürzer und der Sprache des gewöhnlichen Lebens entsprechender sei.

[19c]) [2] S. Habicht S. 375—378 Aehnlich Niedner S. 245 und 310 (Anm. 1 zu Art. 198). Niedner will indessen die Geltendmachung einer nach § 113 II 1 Preuß. A.L.R. gültig versprochenen Konventionalstrafe auch unter dem neuen Rechte noch zulassen.

[19d]) [2] Für Bayern ist laut Ziff. I des Schlußprotokolles vom 23. November 1870 die Gesetzgebung des Reiches ausgeschlossen hinsichtlich des Verehelichungswesens, soweit dasselbe mit den Heimaths- und Niederlassungsverhältnissen zusammenhängt. Das Sonderrecht Bayerns ist auch dem B.G.B. gegenüber unberührt geblieben. — Demgemäß gelten auch in Bayern die die bürgerlich-rechtliche Seite der Ehe regelnden Reichsgesetze vom 4. Mai 1870 und 6. Februar 1875. Daneben ist aber hinsichtlich der polizeilichen Seite der Eheschließung, namentlich des Aufgebots, das Partikularrecht in Geltung geblieben, d. h. Tit. II des bayrischen Heimathsgesetzes vom 16. April 1868 mit den dazu in den Jahren 1872, 1884, 1892 und 1896 ergangenen Novellen. Der Mangel des vorgeschriebenen Verehelichungszeugnisses ist nach der Novelle vom 17. März 1892 ohne Einfluß auf die Gültigkeit der Ehe. Näheres bei Unzner S. 17 ff. (Anm. 5 zu Tit. II) und Engelmann S. 10 (Vorbem. 7 zu Tit. II).

M. E. bedarf der Gesetzgeber schwerlich einer Entschuldigung, wenn er sich mit dem Sprachgebrauche des Lebens in Einklang setzt. Dies ist vielmehr grade das Richtige, jedenfalls das Wünschenswerthe.

Aus diesem Gesichtspunkte habe ich auch an anderer Stelle[20]) darauf gedrungen, daß jener gemeinrechtliche Sprachgebrauch, welcher die Begriffe Vertrag und Rechtsgeschäft unter Lebenden identifizirt, endlich aufgegeben werde und zwar namentlich deshalb,

1. weil der moderne Massenverkehr sich nicht in Verträgen, sondern überwiegend in einseitigen Verpflichtungserklärungen (bedingten Versprechen) bewegt, deren Auffassung als Vertrag lediglich auf Fiktionen beruht;[21]) sodann
2. weil der deutsche Sprachgebrauch unter Vertrag einen durch Privatverfügung herbeigeführten Interessenausgleich versteht, welcher nur vorliegt bei zweiseitigen Kausalgeschäften mit wesentlich dispositivem Inhalte.[22])

Daher unterscheidet das B.G.B. ganz richtig zwischen Ehevertrag (§ 1432) d. h. der Privatverfügung der Ehegatten, welche die güterrechtlichen Verhältnisse abweichend vom Gesetze regelt, und der Eingehung der Ehe, d. h. der Begründung des Rechtsverhältnisses der Ehe, dessen Inhalt der Privatdisposition entzogen ist. — Die Eingehung der Ehe ist eben deshalb kein Vertrag.[22a])

---

[20]) S. m. Abhandl.: „Versprechen und Vertrag. Ein Beitrag zur Begriffslehre des Deutschen Bürgerlichen Rechts," in Jherings Jahrb. Bd. 35 S. 1 ff., namentlich S. 12 Anm. 11, S. 29 ff., 34 ff. Diese Abhandlung verlangte S. 57 ff. die Streichung des aus Windscheid Pandekten II § 304 und dem Sächs. B.G.B. § 770 entlehnten § 310 Entw. II: „Aus einem einseitigen nicht angenommenen Versprechen entsteht eine Verbindlichkeit nicht." In der Vorlage ist dieser Paragraph in der That gestrichen, an seine Stelle aber der (nicht unbedenkliche) § 305 B.G.B. getreten. Vergl. m. Abhandl. a. a. O. S. 53 Anm. 62.

[21]) M. Abhandl. a. a. O. S. 55 ff., 67.

[22]) Dadurch sind ausgeschlossen: 1) die sogenannten dinglichen Verträge. Begründung, Uebertragung, Aufhebung dinglicher Rechte ist nicht einmal römischer contractus, viel weniger deutscher Vertrag; s. a. a. O. S. 12 f., 36 f.; — 2) die sog. Verträge mit unbestimmten Personen; s. a. a. O. S. 40 ff. Anm. 50 ff., S. 55 f.; — 3) die wesentlich einseitigen Geschäfte, d. h. abgesehen von letztwilligen Verfügungen, Schenkung, Erlaß, Forderungsabtretung, Schuldübernahme, Schuldversprechen; s. a. a. O. S. 36 ff., 45, S. 63 f.; — 4) die Begründung von Rechtsverhältnissen, deren Inhalt der Privatdisposition im Wesentlichen entzogen ist, namentlich Ehe, Adoption, Einkindschaft; a. a. O. S. 13 Anm. 11.

[22a]) Wohl aber ist diese Eingehung ein Rechtsgeschäft unter Lebenden, daher im Sinne des gemeinrechtlichen Sprachgebrauchs und der Mot. I S. 127 und IV

Selbstverständlich ist es dringend wünschenswerth, sowohl im allgemeinen als im individuellen Interesse, daß Eheschließungen aus unwürdigen Beweggründen möglichst vermieden werden; daß nur Personen sich mit einander verheirathen, deren äußere Lage und persönliche Eigenschaften eine womöglich ideale, mindestens aber ungestörte und zweckentsprechende Lebensgemeinschaft garantiren oder doch in wahrscheinliche Aussicht stellen. Möglicherweise wird in dieser Richtung in Zukunft viel erreicht werden können, einerseits dadurch, daß den Frauen die Begründung einer selbstständigen Existenz durch freie Berufswahl erleichtert wird, andrerseits durch eine den Geldheirathen entgegenwirkende Normirung des ehelichen Güterrechtes.[23]) Zur Zeit befleißigt sich die Gesetzgebung in der Richtung auf Verhinderung unpassender Ehen großer Selbstbeschränkung. Sie begnügt sich thatsächlich mit einem Mindestmaße von Anforderungen, welche in Form von Verboten und Ehehindernissen auftretend, theils eine Anpassung allgemeiner rechtsgeschäftlicher Erfordernisse an das besondere Rechtsverhältniß der Ehe enthalten, theils allerdings diesem Rechtsverhältnisse durchaus eigenthümlich sind.

I. Was zunächst die persönliche Fähigkeit zur Eingehung einer Ehe betrifft, so kommen dafür drei Momente in Betracht; — die Ehemündigkeit, die Geschäftsfähigkeit und das Familienverhältniß.

1. Man versteht unter Ehemündigkeit diejenige Altersgrenze, vor deren Erreichung einerseits eine gültige Ehe überhaupt nicht eingegangen werden kann; mit deren Erreichung andrerseits allgemeine, dem Wesen der Ehe und dem öffentlichen Interesse zu entnehmende Rücksichten der Eheschließung nicht mehr entgegenstehen, weil als Regel

S. 47 allerdings Vertrag, nicht aber in meinem Sinne. Nach Unzner S. 5 ist die Eingehung der Ehe deshalb Vertrag, weil sie Willensübereinstimmung zweier Personen voraussetzt. [Identifizirung von „Vertrag" mit „consensus".] — Der Streit darüber, ob das Eheverhältniß überwiegend dem Gebiete des Rechtes oder überwiegend der Religion und Sitte angehört, kann hier ganz auf sich beruhen. Das B.G.B. hat es mit der Ehe nur in ihrer Eigenschaft als Rechtsverhältniß zu thun.

[23]) S. oben Anm. 4 und 7. — Außerdem kann Seitens des Staates ein gewaltiger Einfluß ausgeübt werden durch Erfüllung einer Aufgabe, welche zugleich eine der für seine eigene Existenz wichtigsten Lebensfragen in sich schließt, die unermüdliche Sorge für Volksbildung und jeder tüchtigen Kraft zugänglichen Unterricht.

angenommen werden darf, daß nunmehr die zur Eheschließung erforderliche körperliche, geistige und sittliche Reife, bei Männern auch die erforderliche wirthschaftliche Selbstständigkeit eingetreten sind. (Mot. IV S. 10 f. 17.)

Nach § 28 des Reichs-Civilstandsgesetzes vom 6. Februar 1875, welchem sich der Entw. I anschloß, trat Ehemündigkeit für den Mann mit dem vollendeten zwanzigsten Lebensjahre ein; für die Frau mit dem vollendeten sechszehnten Lebensjahre. In beiden Fällen war Befreiung (Dispensation) zulässig.

Die in der II. Kommission beantragte Herabsetzung auf das vollendete achtzehnte Lebensjahr für Männer wurde mit Recht abgelehnt Angesichts des statistischen Nachweises, daß die in früherem Alter abgeschlossenen Ehen meist schwächliche, einem frühen Tode ausgesetzte Kinder erzeugen. Dagegen erschien es aus praktischen Rücksichten empfehlenswerth, die männliche Ehemündigkeit mit der Volljährigkeit eintreten zu lassen, mit welcher ja nach § 1626 auch die elterliche Gewalt erlischt. (Reatz a. a. O. II S. 8 Anm. 2.)

Demgemäß bestimmte der Entw. II — und dabei ist es im B.G.B. § 1303 verblieben — als Ehemündigkeitstermin die Volljährigkeit für Männer, das vollendete 16. Lebensjahr für Frauen und ließ Befreiung nur bei Letzteren zu.[23a])

Auch durch Volljährigkeits-Erklärung wird Ehemündigkeit begründet. Prot. IV S. 21 ff.

Der im Reichstage in II. Lesung seitens der Sozialdemokraten gestellte Antrag auf Wiederherstellung der Bestimmung des Entw. I wurde abgelehnt, nachdem von anderer Seite (v. Cuny, v. Mandry) hervorgehoben worden war, daß in § 3 die Möglichkeit der Volljährigkeits-Erklärung schon mit Vollendung des 18. Lebensjahres gegeben sei, andrerseits man (nach deutscher Anschauung) nicht Ehemann sein könne, während man noch selbst dem Willen eines Anderen unterworfen ist. (Stenogr. Ber. S. 2901—2904.)

2. Daß ein Geschäftsunfähiger keine Ehe schließen kann, brauchte nicht erst gesagt zu werden; denn die Willenserklärungen einer solchen Person sind nach § 105 nichtig.

Was dagegen die in der Geschäftsfähigkeit beschränkten Personen betrifft, d. h. solche, welche minderjährig, wegen Geistes-

---

23a) [2] Diese Befreiung ist von Bedeutung insbesondere für solche Fälle, in denen es darauf ankommt, einen begangenen Fehltritt durch Eingehung der Ehe zu verdecken. Unzner S. 19 (Anm. 2 zu § 1303).

schwäche, Verschwendung oder Trunksucht entmündigt oder unter vorläufige Vormundschaft gestellt sind (§§ 106—114), so bedarf eine solche Person zur Eingehung der Ehe grundsätzlich der Einwilligung (§ 183) des gesetzlichen Vertreters,[23 b)] welche Einwilligung jedoch im Falle der Weigerung auf Antrag durch Beschluß des Vormundschaftsgerichts ersetzt werden kann, wenn der gesetzliche Vertreter ein Vormund ist.[24)]

Die Einwilligung des Vormundes wird nicht nur, wie nach § 29 des Reichsgesetzes vom 6. Februar 1875, von Minderjährigen beizubringen sein, sondern auch von volljährigen Personen, welche wegen Verschwendung oder Trunksucht entmündigt sind. Auch wird die ertheilte Einwilligung, solange die Eheschließung noch nicht erfolgt ist, vom Vormunde wirksam widerrufen werden können (Mot. IV S. 12 f.), z. B. weil der Entmündigte, welcher Besserung gelobt hatte, wieder rückfällig geworden ist.

3. Bei der Frage der Eheschließung macht sich — unabhängig von dem Mangel der Geschäftsfähigkeit — naturgemäß auch das Kindesverhältniß geltend in einem Einwilligungsrechte der Eltern, als Ausfluß theils der denselben geschuldeten Ehrerbietung, theils der Familieninteressen.

[23 b)] S. hierzu Engelmann S. 13 ff. — Geht der Mann eine Ehe ein mit einer in der Geschäftsfähigkeit beschränkten Frau ohne Einwilligung ihres gesetzlichen Vertreters, so tritt (zur Strafe) das eheherrliche Verwaltungs- und Nutznießungsrecht des gesetzlichen Güterstandes nach § 1364 nicht ein.

[24)] S. §§ 1773 f., 1793, 1896 f. Das Nähere bestimmt Fr.G. §§ 20, 22, 60 Beschwerderecht; §§ 36 f., 43 Zuständigkeit, § 53 Beginn der Wirksamkeit der Verfügung. — Für den Fall der Verweigerung der Einwilligung seitens eines „Elterntheiles" hatte Entw. I die Ergänzung durch den Prozeßrichter ins Auge gefaßt. Mot. IV S. 17 und 28. — Dies ist schon im Entw. II fallen gelassen. Reatz a. a. O. II S. 11. Prot. IV S. 31 f. — [2] In der ersten Auflage hatte ich den Wunsch ausgesprochen, daß sich der im Entw. I und in den Motiven gebrauchte Ausdruck: „Elterntheil" in unserer Rechtssprache nicht einbürgere, weil „Eltern" — als die Fortpflanzungsmöglichkeit bedingende Vereinigung von Mann und Frau — begriffsmäßig weder reell noch ideell theilbar sind. — Seitdem habe ich in Erfahrung gebracht, daß „Elterntheil" — ebenso wie „Rücklaß" statt: Nachlaß, „geschäftsbeschränkt" statt: in der Geschäftsfähigkeit beschränkt und Aehnliches — aus Bayern stammt. Der Ausdruck „Elterntheil" wird denn auch von Unzner und Engelmann in ihren Kommentaren zum Familienrechte fortwährend gebraucht. Unter diesen Umständen ist die Erfüllung obigen Wunsches ziemlich aussichtslos und wird nichts übrig bleiben, als den „Elterntheil" anzuerkennen als Bezeichnung der Gleichberechtigung von Vater und Mutter, wo solche Platz greift.

Die Fragen: wem? und innerhalb welcher Grenzen? dies Elternrecht zusteht, sind in §§ 1305—1308 in folgender Weise beantwortet:

a) das eheliche Kind bedarf der Einwilligung des Vaters,[24a]) event. der Mutter, wenn dieser die elterlichen Rechte zustehen;
b) das uneheliche Kind bedarf der Einwilligung der Mutter;
c) das angenommene Kind der Einwilligung dessen, der es — gleichviel ob Mann oder Frau, — an Kindesstatt angenommen hat.[24b])

Sind Vater oder Mutter in der Geschäftsfähigkeit beschränkt, so gelten sie hinsichtlich dieser zu ertheilenden Einwilligung als vollkommen geschäftsfähig.

Sind die Eltern dauernd verhindert oder ist ihr Aufenthalt dauernd unbekannt, so cessirt das Einwilligungsrecht. Nach dem Tode des Vaters bedarf das gemäß § 1723 ff. für ehelich erklärte Kind nicht der Einwilligung der Mutter; — eine Zurücksetzung der Mutter, welche weder durch §§ 1736 ff. noch sonst gerechtfertigt erscheint.

Das angenommene Kind bedarf der Einwilligung der leiblichen Eltern auch dann nicht, wenn das Adoptionsverhältniß aufgehoben ist.

Wird die elterliche Einwilligung einem volljährigen — d. h. für volljährig erklärten — Kinde ohne wichtigen Grund verweigert, so hat das Vormundschaftsgericht dieselbe zu ersetzen.[24c])

Nach § 29 des Reichs-Civilstandsgesetzes bedurften dieser elterlichen Einwilligung die Söhne bis zum vollendeten 25., die Töchter bis zum vollendeten 24. Lebensjahre.

In der mit Entw. I und II übereinstimmenden Vorlage an den

[24a]) [2] Dem Vater bleibt das Einwilligungsrecht, auch wenn er wegen Verschwendung oder Trunksucht entmündigt ist. S. Unzner S. 23 (Anm. 2 zu § 1305), auch Engelmann S. 16.

[24b]) [2] Ist das Kind von beiden Ehegatten gemeinschaftlich angenommen, oder hat ein Ehegatte das Kind des Andern angenommen, so erlangt es nach § 1757 Abs. 2 die rechtliche Stellung eines gemeinschaftlichen Kindes beider Ehegatten; § 1305 findet demgemäß Anwendung.

[24c]) [2] Handelt es sich um die Einwilligung des gesetzlichen Vertreters des Geschäftsunfähigen, so ist dieselbe nach § 1304 Abs. 2 vom Vormundschaftsgericht dann zu ersetzen, wenn es im Interesse des Mündels liegt. — Hier dagegen, hinsichtlich der Einwilligung der Eltern, kommt es darauf an, ob ein wichtiger Weigerungsgrund vorliegt. Es ist also auch das Interesse der Eltern und der Familie mit zu berücksichtigen. S. darüber Unzner S. 25 (Anm. 2 zu § 1308). — Wegen des Verfahrens Fr.G. §§ 20, 35, 43, 53 (S. oben Anm. 24).

Reichstag waren die Töchter den Söhnen gleichgestellt. Vom Reichstage ist aber auf Antrag der sozialdemokratischen Partei in II. Lesung die Altersgrenze für Söhne und Töchter auf das vollendete 21. Lebensjahr heruntergesetzt und dieser Beschluß auch in III. Lesung nach heftigen parlamentarischen Kämpfen aufrechterhalten. (Stenogr. Ber. S. 2904 bis 2906, S. 3073—3083.)[25])

Bekämpft wurde die Herabsetzung[26]) hauptsächlich durch den Hinweis darauf, daß das Heirathen vor dem 25. Jahre in der Regel nicht zuträglich, übrigens aber die Einwilligung ja vom Vormundschaftsgericht nach § 1308 zu ersetzen sei, falls wichtige Weigerungsgründe nicht nachgewiesen würden.

Dagegen wurde für die Herabsetzung auf das vollendete 21. Lebensjahr namentlich geltend gemacht, die Großjährigkeit mache zu Allem fähig, mithin müsse sie auch zum Eheschluß befähigen.

Ferner sei der Staat gerade vom sittlichen Standpunkte aus dringend veranlaßt, zu verhüten, daß Eltern, — wie es nur zu häufig versucht werde, — die Eheschließung seitens ihrer Kinder, namentlich der Töchter, aus Vorurtheil, aus engherzigen oder frivolen Motiven verhindern und dieselben dadurch um ihr Lebensglück bringen.[27])

Dieser letztere Gesichtspunkt war wohl auch entscheidend gegen den Antrag Rintelen, behufs Stärkung der elterlichen Autorität die Ergänzung der elterlichen Einwilligung durch das Vormundschaftsgericht ganz zu beseitigen.[28])

---

[25]) Volljährigkeitserklärung kommt hierbei nicht in Betracht. S. Engelmann S. 15. — In III. Lesung lagen die Anträge vor von v. Stumm und Rintelen auf Wiederherstellung der Vorlage, von Enneccerus auf Wiederherstellung für die Söhne, dagegen Festhaltung der 21 Jahre für die Töchter. Rintelen wollte außerdem die gerichtliche Ergänzung der elterlichen Einwilligung beseitigen (Stenogr. Ber. S. 3073 ff.).

[26]) Nicht nur von den Antragstellern v. Stumm, Rintelen und Enneccerus, sondern auch von dem Bundesraths-Kommissar Prof. Dr. v. Mandry. (Stenogr. Ber. S. 3081.)

[27]) S. die Reden der Abgg. Bebel und Stadthagen (Stenogr. Ber. S. 2904, S. 3076, 3079 ff.).

[28]) In dieser Beziehung giebt § 1308 Abs. 2 dem Vormundschaftsrichter die Direktive, daß er vor der Entscheidung Verwandte oder Verschwägerte des Kindes hören soll, wenn es ohne erhebliche Verzögerung und ohne unverhältnißmäßige Kosten geschehen kann. Dies ist eine bloße Ordnungsvorschrift. — Beseitigt ist das nach § 32 des R.-Civilstandsges. den großjährigen Kindern zustehende Recht, im ordentlichen Verfahren auf Ergänzung der elterlichen Einwilligung durch den Prozeßrichter zu klagen.

Schließlich ist in § 1307 bestimmt, daß die elterliche Einwilligung nicht durch einen Vertreter ertheilt werden kann. Damit ist nach den Mot. IV S. 27 „die Vertretung im Willen“ ausgeschlossen, nicht eine „Vertretung in der Erklärung“. Also auf Grund einer General- oder Spezialvollmacht kann die Einwilligung nicht ertheilt, wohl aber die vom Vater ertheilte Einwilligung erklärt werden.

II. Es folgen in §§ 1309 bis 1312 Bestimmungen betr. die Ehehindernisse der bestehenden Ehe, der Verwandtschaft und des Ehebruches.

1. Uebereinstimmend mit § 34 des Reichsgesetzes vom 6. Februar 1875 bestimmt § 1309, daß Niemand eine Ehe eingehen darf, bevor seine frühere Ehe aufgelöst oder für nichtig erklärt ist. Vergl. § 171 Str.G.B. Handelt es sich indessen um eine sog. renovatio consensus[29]), eine wiederholte Eheschließung unter denselben Personen, so ist die vorgängige Nichtigkeitserklärung nicht erforderlich.[29a])

Findet nach Auflösung oder Nichtigkeitserklärung der ersten Ehe binnen der gesetzlichen fünfjährigen Frist (§ 586 Abs. 2 C.P.O.) eine Wiederaufnahme des Verfahrens statt, so darf erst nach Erledigung derselben die neue Ehe eingegangen werden, weil sich erst dadurch entscheidet, ob die frühere Ehe zu Recht besteht oder nicht.

2. Das Ehehinderniß der Verwandtschaft besteht — nach §§ 1310 und 1311 —

a) zwischen Verwandten und Verschwägerten in grader Linie, sowie zwischen vollbürtigen und halbbürtigen Geschwistern.[29b]) —

---

[29]) Ueber die Erneuerung des Konsenses (renovatio consensus) s. Schulte, Katholisches Eherecht. 1855. S. 338 ff. Friedberg, Lehrbuch des Kirchenrechts 4. Aufl. 1895. S. 401 f. Nach Kanonischem Rechte kann einerseits der zur Nichtigkeits- resp. Anfechtungsklage nicht Berechtigte durch Weigerung des Konsenses das Zustandekommen einer gültigen Ehe verhindern; andererseits genügt der formlose Konsens. Die forma concilii Tridentini braucht, außer wenn das Hinderniß öffentlich bekannt war, nicht wiederholt zu werden.

[29a]) [²] Dieses bezieht sich auf solche Fälle, in denen die Betheiligten die Gültigkeit ihrer Ehe bezweifeln oder auch dieselbe materiell nichtig ist, sei es wegen wesentlicheren Formmangels, sei es im Falle einer Doppelehe nach dem Tode des ersten Ehegatten. — S. im Uebrigen Unzner S. 26 (Anm. 2 zu § 1309); Engelmann S. 21.

[29b]) [²] Das Hinderniß besteht also nicht zwischen Geschwisterkindern, Geschwisterenkeln, Oheim und Nichte, Neffe und Tante. — Der Stiefvater kann die Wittwe seines Stiefsohnes heirathen, denn sie ist ihm nicht verschwägert.

Dabei kommt in Betracht, daß nach § 1590 Abs. 2 die Schwägerschaft auch nach Auflösung der sie begründenden Ehe fortdauert.[30])

b) Zwischen den unehelichen Kindern und deren Abkömmlingen einerseits, deren Vater und dessen Verwandten andererseits — wiewohl sonst nach § 1589 Abs. 2 das uneheliche Kind und dessen Vater nicht als (mit einander) verwandt gelten.[30a])

c) Zwischen dem, welcher den Anderen an Kindesstatt angenommen hat, und dem angenommenen Kinde und dessen Abkömmlingen, so lange das Adoptionsverhältniß besteht.[30b])

Insoweit stimmt das B.G.B. (von Fassungsänderungen abgesehen) überein mit § 33 Nr. 1 bis 4 des Reichs-Civilstandsgesetzes. Hinzugekommen ist durch Entw. II das Hinderniß der affinitas illegitima:

d) zwischen Personen, von denen die eine mit Ascendenten oder Descendenten der anderen Geschlechtsgemeinschaft gepflogen hat.[31])

Dies aus dem kanonischen und protestantischen Kirchenrecht in das

---

[30]) Dies Prinzip war bekanntlich schon bisher in den Reichsgesetzen anerkannt, namentlich in §§ 41³, 383³ C.P.O. und §§ 22, 31, 32, 51 der Str.P.O., sowie im R.Civilstands-G. § 33. S. auch Dernburg Pand. III § 4 Note 7.

[30a]) [²] Diese Vorschrift ist im § 1310 Abs. 3 [„Verwandtschaft im Sinne dieser Vorschriften besteht auch ꝛc."] nicht als selbständiges Eheverbot gefaßt, sondern nur als Klarstellung, in welchem Sinne die Verwandtschaft in Abs. 1 und 2 aufzufassen sei. Die Ehe ist mithin im Umfange des Abs. 1 auch dann verboten, wenn die Verwandtschaft bezw. Schwägerschaft auf außerehelicher Geburt beruht. Der Vater darf die außereheliche Tochter seines Sohnes nicht heirathen. Uneheliche Kinder verschiedener Mütter dürfen sich mit einander nicht verheirathen, wenn sie von demselben Vater erzeugt sind. — Die uneheliche Abstammung muß natürlich erwiesen werden und zwar unabhängig von der im § 1718 aufgestellten Rechtsvermuthung.

[30b]) [²] Das Ehehinderniß der Schwägerschaft kommt hier nicht in Betracht. Denn nach § 1763 wird der Ehegatte des Annehmenden nicht mit dem Kinde, der Ehegatte des Kindes nicht mit dem Annehmenden verschwägert. — Uebrigens gilt das Eheverbot des § 1311 unabhängig von der sonstigen Wirkung des Annahmevertrages. § 1762. S. Engelmann S. 24.

[31]) Ein unehelicher Sohn darf also die Konkubine seines Vaters nicht heirathen. — Die Mot. IV S. 22 führten aus: soviel bekannt, sei ein praktisches Bedürfniß, jenes Eheverbot wieder einzuführen, nicht hervorgetreten. Es sei daher bei dem bestehenden Rechte zu belassen, umsomehr als jenes Verbot schon vor dem Inkrafttreten des R.G. in großen Rechtsgebieten, namentlich im Gebiete des Preuß. A.L.R. beseitigt war, auch die thatsächliche Feststellung für den Standesbeamten mit großen Schwierigkeiten und Unzuträglichkeiten verbunden sei.

Sächsische B.G.B. und andere Partikulargesetze übergegangene Ehehinderniß war in das Reichs-Civilstandsgesetz und in den Entw. I nicht aufgenommen worden.

In den Kritiken zu Entw. I wurde aber die Aufnahme in das B.G.B. mehrfach verlangt;[32]) auch das Preußische Kultusministerium und die Kgl. Sächsische Regierung halten sich in diesem Sinne geäußert.

In demselben Sinne entschied sich auch die Mehrheit der II. Kommission, jedoch erst nachdem festgestellt worden, daß die affinitas illegitima nur aufschiebend, nicht trennend wirken solle.

Es wurde hierbei erwogen:

> „Durch das Aufgebot werde sowohl den Vertretern der Staatsgewalt als auch Dritten Gelegenheit geboten, bei dem Standesamte geltend zu machen, daß dem Abschlusse der Ehe affinitas illegitima entgegenstehe. Sei dies nicht geschehen und die Ehe geschlossen, so sei es nicht angezeigt, die Frage zum Gegenstande einer erneuten Erörterung zu machen. Denn das durch die Auflösung der Ehe hervorgerufene öffentliche Aergerniß würde größer sein, als die Verletzung, welche das moralische Bewußtsein durch den Fortbestand der Ehe erleide."[33])

Es sei hier schon hervorgehoben, daß auch der Adoptivverwandtschaft lediglich aufschiebende Wirkung beigelegt ist.

3. In § 33 Nr. 5 des Reichs-Civilstandsgesetzes war die Ehe zwischen einem wegen Ehebruches Geschiedenen und seinem Mitschuldigen verboten, Befreiung von dem Verbot für zulässig erklärt.

Dies Verbot ist in § 1312 B.G.B. aufgenommen mit der Maßgabe, daß der Ehebruch in dem Scheidungsurtheile als Grund der Scheidung festgestellt sein muß.

Die Feststellung soll durch den Prozeßrichter im Urtheil erfolgen, falls sich die Person des Mitschuldigen aus den Verhandlungen ergiebt. Dies ist in § 624 der C.P.O. vorgeschrieben.[34]) Eine nachträgliche Feststellung aus den Akten würde mit dem Mündlichkeitsprinzipe unserer Prozeßordnung nicht vereinbar sein.

---

[32]) Namentlich von v. Scheurl, Gierke und Fischer. S. die Zusammenstellung der gutachtlichen Aeußerungen ꝛc. IV S. 23.

[33]) S. Reatz a. a. O. Bd. II S. 12 f. Anm. 4. Prot. IV S. 26.

[34]) „Wird wegen Ehebruches auf Scheidung erkannt und ergiebt sich aus den Verhandlungen, mit welcher Person der Ehebruch begangen worden ist, so ist diese Person im Urtheile festzustellen." — Die ursprünglich im Entw. I § 1450 enthaltene Bestimmung wurde in die C.P.O. verwiesen. Dazu s. R.G.E. 30 S. 144 f.

Durch die Feststellung, welche übrigens im Tenor oder in den Gründen erfolgen kann, soll die Geschäftsführung dem Standesbeamten erleichtert und die Durchführung des Verbotes sichergestellt werden.

Hinsichtlich dieses Ehehindernisses erschien es übrigens von vorn herein zweifelhaft, ob dasselbe nicht besser überhaupt zu streichen sei.[35]) Dafür wurde geltend gemacht, das Verbot sei erfahrungsmäßig nicht geeignet, den Zweck der Abschreckung zu erreichen. Sei aber der Ehebruch begangen, so werde in zahlreichen Fällen der öffentlichen Sittlichkeit besser dadurch gedient, daß das Gesetz die Verehelichung der Ehebrecher zulasse, als daß es sie verbiete. Dem Verbote bei Weitem vorzuziehen sei die Auffassung des Englischen und Amerikanischen Rechtes, nach welcher der des Ehebruches Schuldige für verpflichtet gelte, den Mitschuldigen zu heirathen. Es empfehle sich, die Entscheidung über die Zulässigkeit einer solchen Ehe der Sitte und der Religion, — soll heißen dem Gewissen des Einzelnen, — zu überlassen.

Der Entw. I hatte indessen dies Ehehinderniß aus § 33 Nr. 5 des Reichs-Civilstandsgesetzes übernommen, jedoch nur mit aufschiebender Wirkung. Dabei wurde ausdrücklich anerkannt, daß die Zulassung der Dispensation nach den namentlich in Preußen und Bayern gemachten Erfahrungen unentbehrlich sei, als Korrektiv gegen die mit diesem Eheverbote verbundenen Mißstände und Nachtheile für die Sittlichkeit (Mot. IV S. 25).

Im B.G.B. ist dieses Ehehinderniß nicht nur beibehalten, sondern ihm sogar trennende Wirkung beigelegt. Dagegen ist die im Entw. I (S. 285 der amtl. Ausgabe) beabsichtigte Strafandrohung gegen Uebertretung des Verbots (Geldstrafe bis zu 1000 Mark oder Gefängniß bis zu einem Jahre) in Wegfall gekommen.

III. In §§ 1313, 1315 des B.G.B. sind aus §§ 35 und 38 des Reichs-Civilstandsgesetzes die Bestimmungen aufgenommen, daß:

1. Frauen erst nach Ablauf einer Wartezeit von 10 Monaten seit Beendigung der früheren Ehe sich anderweitig verheirathen dürfen, was mit der gesetzlichen Konzeptionszeit § 1592 zusammenhängt, — vorbehaltlich der Dispensation[36]); — und

[35]) Vergl. zum Folgenden Mot. IV S. 24 f. und Reatz a. a. O. IV S. 13 Anm. 5. Prot. IV S. 27—30. Aber auch Hinschius im Arch. für civ. Praxis 74 S. 66 ff.

[36]) Nach S. 285 Anm. 1 der amtl. Ausgabe des Entw. I sollte die Uebertretung im Einf.-Ges. mit Geldstrafe bis 1000 Mark oder mit Gefängniß bis zu

2. Militärpersonen, Landesbeamte und Ausländer, soweit sie nach den Landesgesetzen einer Heirathserlaubniß bedürfen, ohne solche nicht getraut werden sollen.[36a])

Es waren ferner:

3. in § 38 Abs. 2 des Reichs-Civilstandsgesetzes diejenigen Landesgesetze aufrecht erhalten, durch welche im Falle der Wiederverheirathung das Vermögensinteresse der ersteheliche Kinder gesichert werden soll.

An Stelle dieser landesgesetzlichen Vorschriften treten nunmehr die §§ 1493, 1669, 1740, 1761 des B.G.B. Dem entsprechend bestimmt § 1314: Wer aus früherer Ehe ein minderjähriges oder bevormundetes Kind hat, darf eine andere Ehe erst eingehen nach Beibringung des Auseinandersetzungsscheines, — oder wie der § 1314 sagt:

„nachdem ihm das Vormundschaftsgericht ein Zeugniß darüber ertheilt hat, daß er die ihm nach §§ 1493 resp. 1669 obliegenden Verpflichtungen erfüllt hat, oder daß sie ihm nicht obliegen".[36b])

IV. Da in §§ 44 bis 51 des Reichs-Civilstandsgesetzes ausführliche Vorschriften über das die Eingehung der Ehe vorbereitende öffentliche Aufgebot enthalten sind, so hatte der Entw. I nichts hierauf Bezügliches aufgenommen, davon ausgehend, daß dies lediglich Verfahrensvorschriften seien, welche ebensowenig wie die Grundbuchordnung in das B.G.B. gehören (Mot. IV S. 9).

Jetzt ist in § 1316 B.G.B. aus dem Reichs-Civilstandsgesetze die Bestimmung aufgenommen, daß der Eheschließung ein Aufgebot vor-

---

einem Jahre bedroht werden. Dies ist in Wegfall gekommen. — Eine gesetzliche Trauerzeit ist dem B.G.B. unbekannt.

36a) [2] S. hierzu Engelmann S. 27 ff. In betr. der Militärpersonen § 60[4], § 61 des Reichs-Militärgesetzes vom 2. Mai 1874. — Reichsbeamte bedürfen nach dem Reichsgesetze vom 31. März 1873 keines dienstlichen Eheconsenses. — Hinsichts der Landesbeamten s. Hinschius, Reichsgesetz über die Beurkundung des Personenstandes § 38 Anm. 38 (3. Aufl. 1890 S. 133 ff.); künftig die Ausführungsgesetze. Der Entw. des Preuß. Ausf.Ges. hebt in Art. 41 die Vorschriften auf, nach denen Staatsbeamte und Geistliche zur Eingehung einer Ehe besonderer Erlaubniß bedürfen.

36b) [2] Der Standesbeamte hat also nur festzustellen, ob minderjährige Kinder des zur Ehe Schreitenden vorhanden sind, oder solche, die unter seiner Vormundschaft oder Pflegschaft stehen. — Der § 1314 gilt auch für die am 1. Januar 1900 schon bestehenden Ehen. Art. 203 Einf.Ges.

hergehen soll, welches mit Ablauf von sechs Monaten seine Kraft verliert. Das Aufgebot darf unterbleiben, wenn wegen lebensgefährlicher Erkrankung eines Verlobten Gefahr im Verzuge ist. — Auch kann Befreiung bewilligt werden.[36c])

Das Aufgebot hat den Zweck, etwaige Ehehindernisse zur Kenntniß des Standesbeamten zu bringen, nicht aber die Bedeutung, die Geltendmachung solcher Hindernisse auszuschließen.

V. Von der Form der Eheschließung selbst handeln die §§ 1317 bis 1321.

Bekanntlich waren schon vor dem Erscheinen des Entw. I Angriffe auf die obligatorische Civilehe angekündigt, und es ist dann sowohl durch Agitation in der Presse[37]) als auch durch Anträge in der Kommission und im Reichstage selbst immer wieder von Neuem der Versuch gemacht worden, theils das kirchliche Eherecht in den Entwurf herein-, oder statt dessen das bürgerliche Eherecht aus dem B.G.B. hinauszubringen, theils die fakultative an Stelle der obligatorischen Civilehe zu setzen.

Wir beschränken uns, — unter Vorbehalt des Weiteren für den Schluß unserer Darstellung, — an dieser Stelle auf die Bemerkung, daß alle diese kirchlichen Angriffe auf den Staat und sein bürgerliches Recht — trotz sehr ungünstiger Zeitverhältnisse — im Wesentlichen siegreich abgeschlagen worden sind.

Einen — wirklichen oder scheinbaren — Erfolg hat man nur in folgenden drei Punkten erstritten:

1. Abänderung der Ueberschrift des Abschnittes, statt „Ehe" — „bürgerliche Ehe".
2. Einschaltung — am Schlusse des Abschnittes — eines 8. Titels „Kirchliche Verpflichtungen", welcher lediglich die kirchlichen Verpflichtungen für unberührt erklärt (§ 1588).
3. Umgestaltung der Form der Eheschließung selbst in §§ 1317 und 1318.

Dieser letzte Punkt ist hier zu erledigen.

[36c]) [2] Der § 1316 gilt auch für die Angehörigen der bayrischen Pfalz, dagegen nicht für solche der rechtsrheinischen bayrischen Landestheile. S. Unzner S. 35 (Anm. 8 zu § 1316); Engelmann S. 32.

[37]) Bei dieser Agitation hat sich „Der Reichsbote" besonders hervorgethan. S. im Uebrigen unten Titel VIII und Unzner S. 6.

Schon der Entw. I hatte die Tendenz verfolgt, „die wesentlichen Formen der Eheschließung von den unwesentlichen scharf zu scheiden und die ersteren auf ein möglichst geringes Maß zu beschränken, insbesondere klarzustellen, daß die Gültigkeit der Ehe nicht von dem Gebrauche bestimmter solenner Worte abhängig ist" (Mot. IV S. 39).

Es wurde deshalb eine Fassung gewählt, welche namentlich außer Zweifel stellen sollte, daß der in § 52 des Reichs-Civilstandsgesetzes vorgeschriebene Wortlaut der an die Verlobten zu richtenden Frage nicht obligatorisch sei.

Demgemäß erklärte Entw. I (in § 1248) für erforderlich

1. daß die Verlobten vor dem Standesbeamten — bei gleichzeitiger Anwesenheit persönlich — in Gegenwart zweier Zeugen — den Willen der Eheschließung erklären;
2. daß hierauf die Ehe von dem Standesbeamten für geschlossen erklärt wird.

Dagegen fügte der Entw. I (in § 1249) als bloße Ordnungsvorschrift hinzu:

1. der Standesbeamte solle an die Verlobten einzeln und nach einander die Frage richten, ob sie erklären, daß sie die Ehe mit einander eingehen wollen;
2. er solle nach Bejahung dieser Frage aussprechen, daß er kraft des Gesetzes sie nunmehr für rechtmäßig verbundene Eheleute erkläre.

Dabei ist es aber nicht verblieben. Vielmehr hat zunächst die Kommission II auch die Gegenwart der Zeugen für nicht wesentlich, für eine bloße Ordnungsvorschrift erklärt. Die Analogie der Trauungsform des Tridentiner Konzils wurde also in diesem Punkte aufgegeben.[38])

---

[38]) Da die Gegenwart der Zeugen überhaupt nicht wesentlich ist, so können selbstverständlich auch Minderjährige, Frauen und Ausländer Zeugen sein. — Dagegen macht Aberkennung der Ehrenrechte nach § 34⁵ Str.G.B. unfähig, Zeuge bei Aufnahme der Heirathsurkunde zu sein. S. Engelmann S. 35 f. — Daß auch die Eintragung in das Register kein wesentlicher Bestandtheil der Form des Eheschlusses sei, konnte indirekt daraus entnommen werden, daß die Entwürfe und die Vorlage in diesem Titel des Registers überhaupt keine Erwähnung thaten, es vielmehr stillschweigend bei der bezüglichen Vorschrift in § 54 des R.-Civilstandsges. beließen. Die gänzliche Uebergehung des Registers in der Lehre von der Eingehung der Ehe war aber trotzdem deshalb inkorrekt, weil hinterher, im 3. Titel die Eintragung als ein in mehrfacher Richtung entscheidendes Moment auftritt, sobald es sich darum handelt, die Nichtigkeit einer Ehe geltend zu machen. Vergl. §§ 1324, 1329, 1344,

In einem anderen Punkte wurden in der Reichstags-Kommission die Bestimmungen der Vorlage gerade vom katholischen Standpunkte aus bemängelt. Es wurde geltend gemacht, nach der Vorlage komme die Ehe durch den Ausspruch des Standesbeamten zu Stande. Dies sei für das religiöse Gefühl der Katholiken besonders empfindlich, weil nach katholischer Lehre nicht die Mitwirkung der assistirenden Urkundsperson das entscheidende Moment beim Eheschlusse sei, sondern die wechselseitige Erklärung der (als ministri sacramenti zu betrachtenden) Nupturienten.

Man wies darauf hin, daß durch eine dieser Auffassung der katholischen Kirche entsprechende Abänderung weder das staatliche Interesse geschädigt werde, noch das Prinzip der obligatorischen Civilehe.

Dieser Gesichtspunkt hat in der Reichstags-Kommission allgemeine Anerkennung gefunden, mit der Maßgabe jedoch, daß von einer blos passiven Assistenz des Standesbeamten keine Rede, vielmehr klarzustellen sei, daß keine Ehe gegen den Willen des Standesbeamten zu Stande kommen könne.

Auf dem demgemäß gefaßten Beschlusse der Reichstags-Kommission [39]) beruht der jetzige Wortlaut der betreffenden Bestimmungen des B.G.B.

> § 1317. „Die Ehe wird dadurch geschlossen, daß die Verlobten vor einem Standesbeamten persönlich und bei gleichzeitiger Anwesenheit erklären, die Ehe mit einander eingehen zu wollen. Der Standesbeamte muß zur Entgegennahme der Erklärung bereit sein."

> § 1318. „Der Standesbeamte soll ꝛc. ꝛc. nachdem die Verlobten die Frage bejaht haben, aussprechen, daß sie kraft dieses Gesetzes nunmehr rechtmäßig verbundene Eheleute seien."[39a])

Gleichzeitig kam zur Sprache, daß hier eine Lücke im Gesetze insofern vorhanden sei, als dasselbe das weiterhin im 3. Titel bei der Nichtig-

---

1345. Daher hat die Reichstags-Kommission in § 1318 als Schlußsatz hinzugefügt, daß die Eheschließung in das Register eingetragen werden soll. — Wegen der im Register zu machenden Randbemerkungen vergl. § 55 R.-Civilstandsges. in der Fassung des Art. 46 des Einf.-Ges.

[39]) S. den Kommissionsbericht Nr. 440 b S. 53 ff. und dazu die Zusammenstellung der Beschlüsse S. 32. — Jetzt Unzner S. 36 ff., Engelmann S. 34 f.

[39a]) [2] Darin liegt eine Annäherung an die Form des Tridentinischen Konzils. Der Standesbeamte stellt nur fest, daß die Ehe durch die von ihm entgegengenommene Consenserklärung geschlossen ist.

keit und Anfechtbarkeit der Ehe mehrfach erwähnte Heirathsregister hier im 2. Titel ganz mit Stillschweigen übergehe.

Es wurde daher im § 1318 als Abs. 3 der Schlußsatz hinzugefügt:

„Der Standesbeamte soll die Eheschließung in das Heirathsregister eintragen." [40])

Das Gesetz erklärt für wesentlich die Eingehung der Ehe vor einem — nicht vor dem — Standesbeamten. Die Frage, wer in diesem Sinne als „ein Standesbeamter" gilt, war im Entw. I (§§ 1245, 1250), in Uebereinstimmung mit den allgemeinen Grundsätzen über die Zuständigkeit der öffentlichen Beamten, dahin beantwortet:

Wer außerhalb seines Amtsbezirks handelt, gilt nicht als Standesbeamter; daher ist die vor ihm geschlossene Ehe nichtig.

In der Kommission II war man dagegen einstimmig der Meinung, daß das Prinzip der Beschränkung der Zuständigkeit auf den Amtsbezirk in favorem matrimonii durchbrochen werden müsse, mit alleiniger Ausnahme des Falles, wenn die Verlobten beide positiv gewußt hätten, daß der Eheschließungsakt vor einem zur Vornahme dieser Amtshandlung nicht Befugten stattgefunden habe. [41])

Demgemäß ist in §§ 1319 bis 1321 Folgendes bestimmt:

Als Standesbeamter gilt, wer dieses Amt öffentlich ausübt, [41a]) es sei denn, daß die Verlobten bei der Eheschließung den Mangel der amtlichen Befugniß kennen.

Die Ehe soll geschlossen werden vor dem für den einen oder anderen Verlobten (nach dessen Wohnsitz oder gewöhnlichem Aufenthalte) zuständigen Standesbeamten. Unter mehreren zuständigen Standesbeamten haben die Verlobten die Wahl. [42])

---

[40]) S. Kommissionsbericht Nr. 440b S. 55 und dazu die Zusammenstellung der Beschlüsse S. 32. S. auch oben Anm. 38.

[41]) S. Reatz a. a. O. II. S. 15 Anm 6 Prot. IV S. 38, 43—47, 56 f.

[41a]) Z. B. er fungirt außerhalb seines Bezirks (Mot. IV S. 36) oder in der irrthümlichen Meinung, das Amt sei ohne besondere Bestellung auf ihn übergegangen in seiner Eigenschaft als Bürgermeister oder als Verwalter der Gutspolizei. S. Engelmann S. 37.

[42]) Ist wenigstens einer der Verlobten ein Deutscher, so wird aushilfsweise der zuständige Standesbeamte von der obersten Aufsichtsbehörde des Bundesstaates bestimmt, dem jener Verlobte angehört. Die Bestimmung erfolgt durch den Reichskanzler, falls der Verlobte keinem Bundesstaate angehört. Bezüglich der landes-

Auch darf die Ehe vor dem unzuständigen Standesbeamten mit schriftlicher Ermächtigung des zuständigen Standesbeamten geschlossen werden.

VI. Wie gehörigen Orts erwähnt worden ist, läßt das Gesetz Befreiung (Dispensation) zu von den Erfordernissen der Ehemündigkeit der Frau (§ 1303) und des öffentlichen Aufgebots (§ 1316), sowie von den Ehehindernissen des Ehebruchs (§ 1312) und der Wartezeit (§ 1313).

Welchem Bundesstaate vorkommenden Falles das Dispensationsrecht zusteht, bestimmt der den Schluß dieses Titels bildende § 1322 — mit dem Hinzufügen, daß über die Ertheilung des Dispenses die Landesregierung des betr. Bundesstaates zu bestimmen hat.[43])

Tit. III. Nichtigkeit und Anfechtbarkeit der Ehe.[43a])

I. Das Reichs-Civilstandsgesetz hatte die staatlich anerkannten Ehehindernisse aufgezählt, hinsichtlich ihrer rechtlichen Folgen aber auf das Landesrecht verwiesen.

Nach dem B.G.B. unterliegen die in Betracht kommenden Ehehindernisse der bekannten Eintheilung in:

1. aufschiebende, welche das rechtliche Zustandekommen der Ehe nicht verhindern, dieselbe höchstens strafbar machen oder sonstige Nachtheile herbeiführen,[43b]) und
2. trennende, welche das Zustandekommen einer gültigen Ehe verhindern.

---

herrlichen Familien vergl. § 72 des R.-Civilstandsges. Art. 57 des Einf.-G.; in betr. der Eheschließung im Auslande Art. 40 des Einf.-Ges.

[43]) In § 40 des R.-Civilstandsges. war ausdrücklich ausgesprochen, daß die Befugniß zur Dispensation von Ehehindernissen nur dem Staate zustehe. — Der § 40 ist zwar durch Art. 46 des Einf.-Ges. aufgehoben, obiger Satz aber im § 1322 B.G.B. als selbstverständlich vorausgesetzt. — Jetzt s. die Ausführungsgesetze.

[43a]) [2] S. hierzu jetzt die eingehenden Erörterungen von Unzner S. 41—48.

[43b]) [2] Nach § 11 Abs. 2 des R.-Civilstandsges. v. 6. Februar 1875 ist die Aufsichtsbehörde befugt, gegen Standesbeamte als Ordnungsstrafen Warnungen, Verweise und Geldstrafen bis zu 100 Mark zu verhängen. In § 69 a. a. O. [Fassung des Art. 46 IV Einf.G.] ist mit Geldstrafe bis zu 600 Mark bedroht der Standesbeamte, der eine Eheschließung vollzieht unter Außerachtlassung der Vorschriften dieses Gesetzes oder des B.G.B. — S. auch Engelmann, S. 11 f.

Letztere sind entweder öffentlich, d. h. von Jedem, der sie kennt, auch von Amtswegen im öffentlichen Interesse geltend zu machen;

oder private, d. h. nur von den betheiligten Personen geltend zu machen.

Die Bedeutung von blos aufschiebenden Hindernissen haben:

a) der Mangel der Ehemündigkeit § 1303 (Prot. IV S. 79);
b) der Mangel der elterlichen Einwilligung § 1305;[43c])
c) die illegitime Schwägerschaft § 1310 Abs. 2;[43d])
d) die Adoptivverwandtschaft § 1311;
e) die Wartezeit von 10 Monaten § 1313;
f) der Mangel des Zeugnisses über erfolgte Sicherstellung der Kinder der Vorehe § 1314;
g) der Mangel der landesgesetzlichen Heirathserlaubniß § 1315.

Diese Fälle scheiden also von vornherein aus bei der Besprechung dieses 3. Titels, welcher, — ursprünglich unter der Ueberschrift „Ungültigkeit der Ehe", — lediglich von der Wirkung der trennenden Ehehindernisse (impedimenta dirimentia) handelt.

In Beziehung auf Letztere bevorworten die Mot. IV S. 44, daß zwar vom Standpunkte des bürgerlichen Rechtes die Ehe unzweifelhaft ein Rechtsverhältniß, ihre Eingehung ein Rechtsgeschäft sei, dennoch aber die Eigenthümlichkeit des Instituts tief eingreifende Abweichungen von den allgemeinen Grundsätzen über die Ungültigkeit der Rechtsgeschäfte bedinge, — weshalb eine besondere Regelung der Ungültigkeit der Ehe erforderlich gewesen sei. Diese besondere Regelung sei eine so erschöpfende, daß daneben für die Anwendung der allgemeinen Grundsätze nur wenig Raum bleibe.

Es wäre hiernach vielleicht zulässig, bei Darstellung der Wirkungen der Ehehindernisse die allgemeinen Grundsätze des B.G.B. über die Fehlerhaftigkeit der Rechtsgeschäfte ganz außer Acht zu lassen. Aber ein solches Verfahren hätte den Nachtheil, daß dabei nicht dargelegt

---

43c) [2] Heirathet die Tochter ohne die erforderliche elterliche Einwilligung, so können die Eltern die Aussteuer verweigern (§ 1621 Abs. 1) und verbleibt dem Vater die Nutznießung ihres Vermögens, welche anderenfalls durch die Verheirathung beendigt sein würde (§ 1661).

43d) [2] Daraus, daß im § 1327 nur die dem § 1310 Abs. 1 zuwider geschlossene Ehe für nichtig erklärt ist, darf nicht gefolgert werden, daß die uneheliche Verwandtschaft § 1310 Abs. 3 nur aufschiebendes Hinderniß sei. Denn Abs. 3 ist nur als Erläuterung zu Abs. 1 aufzufassen. S. oben Anm. 30a.

werden kann, worin die durch die Eigenthümlichkeit des Institutes gebotenen Abweichungen eigentlich bestehen. Zum Zwecke dieser Darlegung werden folgende Bemerkungen genügen.[44])

Die auf die Fehlerhaftigkeit der Rechtsgeschäfte bezüglichen deutschen Begriffsbezeichnungen[45]) stehen im direkten Zusammenhange mit dem Begriffe des Thatbestandes.[46])

Die Fehlerhaftigkeit beruht entweder

A. auf einem Mangel des Thatbestandes, welcher die Rechtsgültigkeit des Geschäfts hindert (Ungültigkeit) oder

B. sie liegt außerhalb des an sich mangellosen (und daher rechtsgültigen) Thatbestandes und zwar darin, daß die Wirkungen, welche er von Rechts wegen erzeugt, von dem höheren Standpunkte des Rechtsgefühles (aequitas) oder des öffentlichen Wohles (utilitas) als verletzend erscheinen und insoweit der Korrektur bedürfen (Anfechtbarkeit).

A. Die Ungültigkeit beruht entweder

a) auf einem unheilbaren Thatbestandsmangel; dann ist das Rechtsgeschäft nichtig, rechtlich nicht vorhanden (Nichtigkeit)[47]) oder

b) auf einem heilbaren Thatbestandsmangel; dann ist das Rechtsgeschäft (vorläufig) ungültig, die Wirksamkeit in der Schwebe (Ungültigkeit im engeren Sinne). Durch Ergänzung des Mangels wird das Rechtsgeschäft gültig und zwar rückwirkend von Anfang an.[48])

B. Anfechtbarkeit ist die Möglichkeit eines Angriffes auf das an sich gültige Rechtsgeschäft behufs Beseitigung der das Gerechtigkeitsgefühl verletzenden und insofern fehlerhaften Folgen.[49])

---

[44]) Zum Folgenden s. m. Abhandl. „Die fehlerhaften Rechtsgeschäfte. Ein Beitrag zur Begriffslehre des Deutschen bürgerlichen Rechts", in Bd. 86 des Arch. für civ. Praxis S. 57 ff.

[45]) Ueber die Unbrauchbarkeit der römischen Terminologie s. m. Abhandl. a. a. O. 86 S. 56, 83 ff. Anm. 50—55. S. 87 ff., 96 ff.

[46]) S. hierzu m. Abhandl. a. a. O. S. 57 ff.

[47]) Beispiele: Willenserklärung Geschäftsunfähiger, Verstoß gegen gesetzliches Verbot, Mangel der gesetzlich vorgeschriebenen Form, Unmöglichkeit der Leistung. S. m. Abhandl. a. a. O. S. 81, 116 f.

[48]) Beispiele: Hinkende Geschäfte Minderjähriger, Veräußerungsverbote zum Schutze bestimmter Personen, Verfügungen eines Nichtberechtigten. S. m. Abhandl. a. a. O. S. 81 f., 114 f.

[49]) Beispiele: Wesentlicher Irrthum, unrichtige Uebermittelung, arglistige Täuschung, widerrechtliche Drohung. S. m. Abhandl. a. a. O. S. 82, 118 f.

Die Wirkung der Anfechtung hat im Allgemeinen den Charakter einer Wiedereinsetzung, einer Wiederherstellung des früheren Zustandes, sie kann aber mehr oder weniger energisch, mehr oder weniger umfassend sein; nämlich

a) Aufhebung (Rescission) rückwirkend mit dinglicher Kraft, oder
b) Begründung eines persönlichen Anspruches auf Ausgleichung, d. h. auf Beseitigung der eingetretenen Nachtheile und zwar Letzteres entweder durch vollständige Restitutio in integrum oder beschränkt auf das Interesse des Verletzten.

Ganz abgesehen aber davon, daß das bisher allein in Betracht gezogene Anfechtungsrecht im materiellen Sinne, je nachdem es als dinglich oder als obligatorisch aufgefaßt wird, verschieden wirken kann, ist auch noch auf der Seite des Sprachgebrauchs der Unterschied zwischen materieller und blos formeller Anfechtbarkeit zu beachten.

Die Kategorien der Nichtigkeit, Ungültigkeit, Anfechtbarkeit finden nämlich nicht allein Anwendung auf den Thatbestand der Privatverfügungen (Rechtsgeschäfte), sondern auch auf die öffentlichen Verfügungen der Staatsorgane in Streitsachen (Urtheile, Beschlüsse) und Außerstreitsachen (Eintragungen in öffentlichen Büchern, Rollen und Registern, öffentliche Zeugnisse, Patentverleihungen u. dergl.).

Da ferner Anfechtung einen Angriff von außen, daher von einem außerhalb des Thatbestandes der Verfügung liegenden Gesichtspunkte aus bedeutet, so muß sich der Begriff der Anfechtung nothwendig erweitern bei formalisirten Thatbeständen. Denn hier erzeugt die autoritative Form von Rechts wegen Wirkungen, welche nur durch erfolgreichen Angriff von außen — durch Anfechtung im formellen, im prozessualischen Sinne — beseitigt werden können, ohne Unterschied, ob materiell Nichtigkeit, Ungültigkeit, Anfechtbarkeit oder ein anderer materieller Aufhebungsgrund vorliegt.[50])

Zu diesen formalisirten Thatbeständen gehören neben den öffentlichen Verfügungen der Staatsorgane in erster Linie auch die unter Mitwirkung von Staatsorganen zu Stande kommenden Formalgeschäfte.[51])

---

[50]) Daher sind im Sinne der C.P.O. anfechtbar alle nicht für unanfechtbar erklärten Entscheidungen, ohne Unterschied, ob materiell Nullität oder causa restitutionis oder bloße Ungerechtigkeit (iniquitas) vorliegt. S. z. B. §§ 579, 580, 583, 957 C.P.O. und m. Abhandl. über die fehlerhaften Rechtsgeschäfte a. a. O. S. 99 f.

[51]) Daher spricht man von Anfechtung einer nichtigen Ehe durch Nichtigkeitsklage, wenn die Ehe durch Trauung oder durch Eintragung in das Eheregister for-

II. Der Entw. I entsprach nicht obiger Terminologie, hatte vielmehr im Anschlusse an Windscheid die Nichtigkeit und Anfechtbarkeit der Rechtsgeschäfte als Unterarten der Ungültigkeit aufgefaßt; ferner die Anfechtbarkeit als sog. relative Nichtigkeit, d. h. als eine solche, deren Eintritt von der Erklärung des Berechtigten abhängig ist.

Da somit alle fehlerhaften Rechtsgeschäfte nichtig waren, nämlich entweder absolut oder relativ nichtig, so wurde im Entw. II die Ungültigkeit ganz ausgemerzt. Es wurde ausgesprochen, daß das anfechtbare Rechtsgeschäft, wenn es mit Erfolg angefochten wird, als von Anfang an nichtig anzusehen sei. (§ 113 Entw. II.)[52])

Thatsächlich kommen aber fortwährend Fälle vor, in welchen die Gültigkeit des Rechtsgeschäfts in der Schwebe ist, weil etwas an dem dazu erforderlichen Thatbestande mangelt, Fälle, in denen das Rechtsgeschäft erfahrungsmäßig durch Heilung des Mangels nachträglich vollkommen gültig und wirksam wird.

Diese mit einem heilbaren Mangel behafteten Rechtsgeschäfte bilden einen Gegensatz zu den nichtigen, von welchen der Grundsatz gilt, daß sie durch späteren Wegfall des Nichtigkeitsgrundes nicht gültig werden (§ 109 Entw. I).

Es lag nahe, diese heilbaren Rechtsgeschäfte, an deren Gültigkeit etwas fehlt — wie oben geschehen ist — als „ungültig" zu bezeichnen. Statt dessen wählte man im Entw. II für die mit heilbarem Mangel behafteten Rechtsgeschäfte die Bezeichnung „unwirksam", — zur Wahrung des Grundsatzes, daß das Nichtige niemals konvalesciren kann.

---

malisirt ist, von der Anfechtung der Ehelichkeit eines Kindes, von Anfechtung eines Patents u. dergl., auch wo es sich garnicht um eine Anfechtbarkeit im materiellen Sinne handelt, sondern in Wirklichkeit nur um Deklaration der Nichtigkeit. S. B.G.B. §§ 1591 f., 1594 ff., Patentges. v. 25. Mai 1877 §§ 10, 28, Patentges. v. 7. April 1891 § 10. S. m. Abhandl. a. a. O. S. 104 ff.

[52]) Die Anfechtung der Rechtsgeschäfte bewirkt also stets Aufhebung, rückwirkend mit dinglicher Kraft. Mot. I S. 219. Eck, in der Samml. von Vorträgen über den Entw. eines B.G.B. Heft I S. 39 (1896); derselbe, Vorträge über das Recht des B.G.B. 2. Aufl. S. 127 (J. Guttentag, 1898). — Uebrigens passen die allgemeinen Grundsätze des B.G.B. nicht auf das Anfechtungsrecht der Gläubiger, R.Konk.O. §§ 22 f. und Anfechtungsges. v. 21. Juli 1879. Dasselbe ist im B.G.B. ganz außer Betracht geblieben, wie die Mot. I S. 218 f. bevorworten. Besonders normirt ist die Anfechtung der Rechtsverhältnisse, namentlich der Ehe §§ 1330 ff. (Erklärung für nichtig, d. h. für aufgehoben), der ehelichen Abstammung §§ 1594 ff. (Erklärung für unehelich) und der Stellung als Erbe oder Nacherbe §§ 2340 ff. (Erklärung für erbunwürdig).

Dieser Ausweg war unglücklich in mehrfacher Hinsicht. Zunächst war es im vorliegenden Falle nicht zulässig, die Folge (Unwirksamkeit) statt der Ursache (Ungültigkeit) zu setzen. Denn „Unwirksamkeit" ist den ungültigen Rechtsgeschäften in keiner Weise eigenthümlich, kann vielmehr überall vorkommen. — Einerseits kann nichts unwirksamer sein, als die nichtigen Rechtsgeschäfte, welche nach der Ausdrucksweise des B.G.B. gleichwohl nicht unter den Begriff der Unwirksamkeit fallen sollen. Andrerseits wird auch das anfechtbare Rechtsgeschäft unwirksam, wenn durch die Anfechtung seine Wirkungen beseitigt sind. Aber auch jedes fehlerlose Rechtsgeschäft kann auf die verschiedenste Weise unwirksam werden, z. B. durch vertragsmäßige Aufhebung, durch Rücktritt oder Erlaß, durch Ausfall der aufschiebenden, Eintritt der auflösenden Bedingung oder durch Endtermin.

Sodann ist das ungültige (heilbare) Rechtsgeschäft überhaupt nicht schlechthin unwirksam, sondern es zeichnet sich vor anderen dadurch aus, daß es in der Schwebe, d. h. bedingt wirksam ist, woraus sich besondere diesen heilbar mangelhaften Rechtsgeschäften eigenthümliche Rechtsgrundsätze ergeben.[53])

Indessen jetzt nach Verabschiedung des B.G.B. bleibt es dabei, daß die ungültigen Rechtsgeschäfte dem Sprachgebrauche des Gesetzes gemäß in dem allgemeinen und rein äußerlichen Begriffe der Unwirksamkeit spurlos untergetaucht sind und erst wieder herausgesucht werden müssen.[54])

---

[53]) Nämlich 1. der Thatbestandsmangel muß, — im Gegensatze zur Nichtigkeit — geltend gemacht werden und ist ergänzungsfähig (heilbar); 2. der Thatbestandsmangel kann — im Gegensatze zur Anfechtbarkeit, — jederzeit geltend gemacht werden, so lange die Heilung des Mangels noch nicht erfolgt ist; 3. erfolgt die Heilung, so wird das Rechtsgeschäft im Zweifel als von Anfang an gültig angesehen. S. m. Abhandl. a. a. O. S. 153.

[54]) Dieser Aufgabe habe ich mich bereits in m. Abhandl. a. a. O. S. 186 ff. unterzogen. Dabei hat sich ergeben, daß die sog. Unwirksamkeit folgende rechtliche Bedeutung hat: Sie ist a) Anfechtbarkeit in § 779 (Vergleich); b) Nichtigkeit in § 388 (Aufrechnung), § 925 (Auflassung) und § 2080 Abs. 3 (Annahme oder Ausschlagung eines Vermächtnisses), falls unter Bedingung oder Zeitbestimmung erfolgt; ferner in §§ 1950 und 2171; c) Ungültigkeit und zwar 1. wegen mangelnder Genehmigung eines Dritten in §§ 108, 177, 182, 415, 458; 2. wegen Legitimationsmangels in §§ 111, 174, 410, 1141, 1398, 1448, 1831; 3 wegen Rechtsmangels auf Seiten des Verfügenden in §§ 135, 185, 573, 1124, 2113;

III. Was nun das Rechtsgeschäft der Ehe speziell betrifft, so erklären zwar das katholische und protestantische Eherecht jede einem impedimentum dirimens zuwider eingegangene Ehe für nichtig; allein mit dieser Nichtigkeit hat es eine besondere Bewandtniß.

Einmal handelt es sich in Folge der regelmäßigen Mitwirkung von Staatsorganen bei Eingehung der Ehe fast stets um einen formalisirten Thatbestand, so daß die mit autoritativer Form bekleidete Ehe nur durch Anfechtung im Prozeßwege (Anm. 51) vernichtet werden kann, die Nichtigkeit durch richterliches Urtheil deklarirt werden muß. — Hiernach ist sofort klar, daß auf diesem Gebiete das nicht durchführbar ist, was das B.G.B. hinsichtlich der fehlerhaften Rechtsgeschäfte im Allgemeinen bestimmt hat. Es kann namentlich nicht davon die Rede sein, daß nichtige Ehen rechtlich nicht vorhanden, oder daß sie unwirksam wären, oder daß die Ehe auf Grund bloßer Anfechtungserklärung gegenüber dem anderen Ehegatten als von Anfang an nichtig angesehen werde. (Vergl. §§ 141 bis 143.) Vielmehr wird die nichtige Ehe, bis sie rechtskräftig für nichtig erklärt ist, als gültig behandelt. Sie bleibt bis zur anderweitigen Auflösung gültig, wenn die erhobene Klage zurückgenommen, der Prozeß nicht durchgeführt wird.

Sodann greifen hier gewisse Unterscheidungen ein, welche sich im Rechte der Kirche geschichtlich herausgebildet haben; die Unterscheidung nämlich der Wirkungen der Ehehindernisse, je nachdem sie publica oder privata, juris divini oder humani, manifesta oder occulta sind.

Bei den imp. publica äußert sich die materielle Nichtigkeit darin, daß die Klage außer von den Ehegatten auch vom Staatsanwalt und rechtlich interessirten Dritten angestellt werden kann.

Bei den imp. privata dagegen kann das Interesse des verletzten Ehegatten es verlangen, daß die Ehe nicht angefochten, vielmehr, weil die Lebensgemeinschaft einmal begonnen hat, lieber aufrechterhalten werde. Folglich muß die Entscheidung darüber, ob das Ehehinderniß geltend zu machen oder nicht, dem verletzten Ehegatten allein zustehen. Diese häufig als relative Nichtigkeit bezeichnete rechtliche Behandlung

---

4. wegen mangelnder Eintragung in §§ 1010, 1435. — Auch Eck, in der Sammlung von Vorträgen Heft 1 S. 42 unterscheidet als Unterarten des Gattungsbegriffes Unwirksamkeit: 1. Die völlige Unwirksamkeit (Nichtigkeit); 2. die einstweilige oder schwebende Unwirksamkeit (Ungültigkeit) und 3. die relative Unwirksamkeit (Anfechtbarkeit). Welche Unterart gemeint sei, müsse in jedem Falle durch Auslegung gefunden werden.

der imp. privata entspricht der Kategorie der Anfechtbarkeit des B.G.B., weshalb auch die Mot. IV S. 46 diese Kategorie als für das Eherecht unentbehrlich erklärt haben.

Die Unterscheidung zwischen imp. divini und humani juris bedeutet, daß bei letzteren Dispensation zulässig ist, nicht aber bei ersteren.

Die Unterscheidung zwischen imp. manifesta und occulta, daß bei letzteren, nicht bei ersteren, die Ehe durch formlosen Konsens gültig wird, also namentlich auch durch Fortsetzung der Ehe nach erlangter Kenntniß, bezw. nach Beseitigung des Hindernisses. Einer erneuten Eheschließung, namentlich der Beachtung der Tridentinischen Form (coram parocho et duobus testibus) bedarf es nicht.[55])

Hieraus ergiebt sich, daß nicht nur das Anfechtungsrecht erlöschen, sondern daß auch — im Widerspruche mit den allgemeinen Grundsätzen — die Nichtigkeit geheilt werden kann; sei es durch Dispensation, sei es durch stillschweigenden Verzicht, oder wie sich das B.G.B. ausdrückt, durch Bestätigung.

Nach dem B.G.B.[55a]) sind nun

1. die Fälle der Nichtigkeit (imp. dirim. publica §§ 1323 bis 1328) folgende:

a) Mangel der Form, d. h. der im § 1317 vorgeschriebenen Erklärung vor einem zur Entgegennahme derselben bereiten Standesbeamten;
b) Geschäftsunfähigkeit, Bewußtlosigkeit, Geistesstörung;
c) Bestehen einer gültigen Ehe;[55b])
d) Verwandtschaft oder Schwägerschaft in gerader Linie, Verwandtschaft zwischen vollbürtigen und halbbürtigen Geschwistern; — ohne Unterschied, ob die Verwandtschaft oder Schwägerschaft auf ehelicher oder unehelicher Geburt beruht;
e) Ehebruch, welcher im Urtheil als Grund der Scheidung festgestellt ist.

---

[55]) S. Friedberg, Lehrb. des Kirchenrechts (4. Aufl. 1895) § 152 S. 401 f.

[55a]) Uebergangsbestimmungen bez. der vor dem Inkrafttreten des B.G.B. geschlossenen Ehen enthält Art. 198 Einf.-G. — Darüber s. unten hinter Tit. IV.

[55b]) [2] Ist die alte Ehe nichtig, so ist die neue von Anfang an gültig. Die alte materiell nichtige Ehe bildet, bis sie für nichtig erklärt ist, ein nur aufschiebendes Hinderniß. — Strafbar ist dagegen nach § 171 Str.G.B., wer eine neue Ehe eingeht, ehe die frühere aufgelöst oder für nichtig erklärt ist. Fassung des Art. 34 V des Einf.G.

Da es sich bei der vor dem Standesbeamten verlautbarten Ehe um einen formalisirten Thatbestand handelt, so kann die Nichtigkeit grundsätzlich, so lange die Ehe besteht,[55c]) nur im Wege der Nichtigkeitsklage geltend gemacht werden.

Von selbst tritt die Nichtigkeit nur ein, wenn die wegen mangelnder Form nichtige Ehe auch nicht einmal in das Eheregister eingetragen ist (§§ 1324, 1329), also rechtlich nicht existirt. (Matrimonium non existens, im Gegensatze zur materiellen Nichtigkeit, matrimonium nullum.) Die aus solcher Ehe hervorgehenden Kinder sind uneheliche. § 1699 Abs. 2.

Andererseits ist aber die sog. Ehenichtigkeit abnormer Weise heilbar[55d]) dergestalt, daß die nichtige Ehe als von Anfang an gültig angesehen wird:

zu a) wenn die wegen mangelnder Form nichtige Ehe in das Register eingetragen ist und die Ehegatten zehn Jahre oder mindestens drei Jahre und bis zum Tode des Erstverstorbenen als Ehegatten mit einander gelebt haben, — es sei denn, daß inzwischen Nichtigkeitsklage erhoben ist;[56])

zu b) wenn der bei Eingehung der Ehe Geschäftsunfähige, Bewußtlose oder Geistesgestörte nach Wegfall der Hindernisse die noch formell bestehende Ehe bestätigt,[56a]) wozu es einer aus-

---

[55c]) [2] Ist die Ehe aufgelöst durch Tod, Scheidung oder anderweitige Verheirathung im Falle der Todeserklärung, sodaß nur noch ihre Nachwirkungen in Betracht kommen, so besteht kein öffentliches Interesse mehr an einheitlicher Entscheidung über die Nichtigkeit. S. Unzner S. 54 (Anm. 1 zu § 1329).

[55d]) [2] Also korrekt gesprochen nicht Nichtigkeit, sondern Ungültigkeit in dem oben S. 35 und 37 dargelegten Sinne.

[56]) Der entsprechende § 1307 der Vorlage lautete: „Eine Ehe ist nichtig, wenn bei der Eheschließung die im § 1300 vorgeschriebene Form nicht beobachtet worden ist. — Ist die Ehe in das Heirathsregister eingetragen worden und haben die Ehegatten nach der Eheschließung zehn Jahre als Ehegatten mit einander gelebt, so ist die Ehe als von Anfang an gültig anzusehen." Die Aenderung beruht auf einem Beschlusse der Reichstags-Kommission. S. Kommissionsbericht Nr. 440b S. 56 und Zusammenstellung S. 32.

[56a]) [2] Unzner S. 51 (Anm. 2 zu § 1325), auch S. 56 und 61 hält für unzweifelhaft, daß 1) die Bestätigung ein einseitiges, dem anderen Theile gegenüber vorzunehmendes Rechtsgeschäft, und daß 2) mit einer ausdrücklich erklärten Verzeihung die thatsächliche Fortsetzung der Ehe (als „Willensbethätigung" oder sog. stillschweigende Willenserklärung) gleichwerthig ist. — Damit stimmt auch Engelmann S. 44 (Anm. 3 zu § 1325) überein. — Richtiger ist es jedoch, zu sagen: Das die Geltendmachung der Nichtigkeit bezw. der Anfechtbarkeit ausschließende Verhalten

drücklichen Erklärung oder gar einer neuen Eingehung der Ehe nicht bedarf (§ 144 Abs. 2);

zu e) wenn im Falle der wegen Ehebruchs verbotenen Ehe nachträglich Befreiung bewilligt wird.

2. Die Fälle der Anfechtbarkeit (imp. dirim. privata, §§ 1330 bis 1335) sind folgende:

Anfechtungsberechtigt ist:

a) wer in der Geschäftsfähigkeit beschränkt war bei Eingehung der Ehe, bezw. bei Bestätigung der wegen Geschäftsunfähigkeit nichtigen Ehe, wenn die Einwilligung des gesetzlichen Vertreters fehlt;[56b])

b) wer entweder nicht gewußt hat, daß es sich um Eheschließung handle, oder wer, wenn er dies wußte, die Erklärung, die Ehe einzugehen, überhaupt nicht hat abgeben wollen;[56c])

c) wer zur Eingehung der Ehe durch wesentlichen Irrthum, durch arglistige Täuschung oder durch widerrechtliche Drohung bestimmt worden ist.

Wie schon bei den Rechtsgeschäften im Allgemeinen,[57]) so war auch hier wieder bei der Ehe die Normirung der Anfechtung wegen Irrthums und Betruges nicht ohne Schwierigkeit.

Nach katholischem und protestantischem Kirchenrecht soll zwar der Irrthum nur dann Ehehinderniß sein, wenn er sich auf die Identität oder den Status der Person bezieht (error personae, error qualitatis

---

wirkt gesetzlich wie ein Rechtsgeschäft (Verzicht), mag eine Willenserklärung vorliegen oder nicht. Deshalb finden auch auf diese sog. Bestätigung die §§ 116 ff. Anwendung. A. M. Unzner S. 52.

[56b]) [2] Unter a (§ 1371) gehört auch der Fall, daß der Mündel die Tochter des Vormundes heirathet ohne Einwilligung des in solchem Falle nach § 1795[1] zu bestellenden Pflegers. — Der Vormund kann entlassen werden. § 1886.

[56c]) [2] Mentalreservation, Simulation, Mangel an Ernstlichkeit begründen also weder materielle Nichtigkeit noch Anfechtbarkeit. Die §§ 116—118 finden auf die Ehe keine Anwendung. — Dagegen kann b (§ 1332) praktisch werden bei Verheirathung von Tauben, Stummen, Taubstummen oder von solchen Personen, welche nicht Deutsch verstehen bezw. welche geistesschwach sind.

[57]) S. §§ 98, 103 Entw. I vergl. mit §§ 94, 98 Entw. II (Reatz, II. Lesung I S. 51 Anm. 1 u. 2, S. 54 Anm. 2; Prot. IV S. 102—120) und mit den §§ 119, 123 B.G.B. Auch m. Abhandl. im civil. Arch. 86 S. 128 ff. Wesentlicher Irrthum begründete im Entw. I § 98 Nichtigkeit. Nach dem in das B.G.B. übergegangenen § 94 Entw. II begründet er nur Anfechtbarkeit: Arglistige Täuschung und widerrechtliche Drohung waren von Anfang an für Anfechtungsgründe erklärt.

in personam redundans, error conditionis). Irrthum über Eigenschaften der Person soll als bloßer Irrthum im Beweggrunde unbeachtlich sein. Allein es ist nicht zu verkennen, daß im wirklichen Leben gerade bei Eingehung der Ehe gewisse Eigenschaften bezw. das Nichtvorhandensein gewisser (namentlich sittlicher) Mängel stillschweigend vorbehalten, bezw. zur Bedingung gemacht zu werden pflegt.

Daher haben auch die Partikularrechte und die gemeinrechtliche Praxis vielfach bei vorhandener Epilepsie, Impotenz, Verurtheilung zu entehrenden Strafen, Schwangerschaft von einem Dritten u. dergl., den Irrthum darüber als wesentlich anerkannt. Daneben gilt, wenigstens für das evangelische Kirchenrecht, der Betrug als ein besonderer Nichtigkeitsgrund.

Im Entw. I war Irrthum über Eigenschaften und Verhältnisse des anderen Theils an sich kein Anfechtungsgrund; dagegen sollte die Verhehlung derselben als Betrug angesehen werden, wenn anzunehmen sei, daß bei Kenntniß der verhehlten Eigenschaften oder Verhältnisse die Ehe nicht eingegangen sein würde.

Gegen diese Bestimmung wurde erinnert, es werde durch dieselbe eine Art Offenbarungspflicht geschaffen, welche doch nicht beachtet werden würde, da sie der Volksanschauung nicht entspreche. Andererseits wurde anerkannt, daß der Staat ein Interesse habe, die Auflösung solcher Ehen zu ermöglichen, welche sich voraussichtlich dauernd unglücklich gestalten würden.[58])

Die hiernach abgeänderten Bestimmungen lauteten in der Vorlage an den Reichstag wie folgt:

§ 1316. Eine Ehe kann von dem Ehegatten angefochten werden, der sich bei der Eheschließung in der Person des anderen Ehegatten oder über solche persönlichen Eigenschaften oder solche persönlichen Verhältnisse des anderen Ehegatten geirrt hat, die ihn bei Kenntniß der Sachlage und bei verständiger Würdigung des Wesens der Ehe von der Eingehung der Ehe abgehalten haben würden.

§ 1317. Eine Ehe kann von dem Ehegatten angefochten werden, der zur Eingehung der Ehe durch arglistige Täuschung über solche Umstände bestimmt worden ist, die ihn bei Kenntniß der Sachlage und verständiger Ueberlegung von der Eingehung der Ehe abgehalten haben würden.

---

[58]) S. Reatz, II. Lesung II S. 23 Anm. 1; Prot. IV S. 72—76. — S. jetzt auch Unzner S. 57 f.

Ist die Täuschung nicht von dem anderen Ehegatten verübt worden, so ist die Ehe nur dann anfechtbar, wenn dieser die Täuschung bei der Eheschließung gekannt hat.

In der Reichstags-Kommission wurde zu § 1316 beantragt: Anfechtung nur wegen Irrthums in der Person zuzulassen, nicht aber wegen Irrthums über persönliche Eigenschaften oder Verhältnisse.

Ein anderer Antrag ging dahin, nur die Worte

„oder solche persönliche Verhältnisse"

zu streichen.

Zu § 1317 wurde beantragt, auch hier wie im § 1316 statt

„bei verständiger Ueberlegung" zu sagen: „bei verständiger Würdigung des Wesens der Ehe".

Ferner am Schlusse zu sagen:

„Auf Grund einer Täuschung über Vermögensverhältnisse findet die Anfechtung nicht statt."

Von diesen Anträgen wurde der zuerst erwähnte, welcher durch Beschränkung der Anfechtbarkeit auf Irrthum in der Person die Uebereinstimmung mit dem katholischen Kirchenrechte herstellen wollte, als zu weitgehend abgelehnt. Die übrigen Anträge wurden angenommen.[59])

Darauf beruht die jetzige Fassung der §§ 1333, 1334. Dieselbe wird als eine Verbesserung schwerlich anzuerkennen sein. Liegt nämlich ein für den Entschluß zur Eingehung der Ehe unzweifelhaft erheblicher Umstand vor, hinsichtlich dessen jedoch arglistige Täuschung nicht nachgewiesen werden kann, so hängt der Erfolg der Anfechtung jetzt lediglich davon ab, ob dieser Umstand als persönliche Eigenschaft[59a]) qualifizirt wird oder aber als persönliches Verhältniß. Dies wird aber nicht selten zweifelhaft sein, z. B. bei Verlust der Ehrenrechte, Schwangerschaft, unzüchtigen Handlungen u. dergl.;

---

[59]) S. Kommissionsbericht Nr. 440b S. 57 f. und Zusammenstellung S. 32 f.

[59a]) [2] Zu den persönlichen Eigenschaften gehört unzweifelhaft die sittliche und körperliche Beschaffenheit der Person. Wesentliche Mängel sind also ansteckende Krankheiten, Impotenz, Mangel der Jungfrauschaft und unehrenhafter Charakter, der sich z. B. darin äußert, daß dem anderen Theile verschwiegen wird, daß man geschieden ist, mit Zuchthaus bestraft ist u. dergl. S. Unzner S. 58 (Anm. 2b zu § 1333), Engelmann S. 52. — Irrthum in Betreff geschlechtlicher Unbescholtenheit R.G.E. 17 S. 246; 25 S. 192; in Betreff der geistigen Gesundheit R.G.E. 27 S. 158; Impotenz, R.G.E. 34 S. 170. — Arglistiges Verschweigen, R.G.E. 5 S. 177.

denn diese Verhältnisse begründen zugleich die Eigenschaften der Ehrlosigkeit, Bescholtenheit, Unsittlichkeit u. s. f.

Ferner ist nach dem Schlußsatze des § 1334 jetzt Anfechtung wegen arglistiger Täuschung über Vermögensverhältnisse ausgeschlossen. Auch diese Beschränkung ist nicht zu billigen, weil sie weder den thatsächlichen Verhältnissen, noch der Aufgabe des Gesetzgebers genügend Rechnung trägt.

In der großen Masse unseres Volkes mag eine kleine Minderheit so gut situirt sein, daß sie ohne Zukunftssorgen lediglich der Stimme des Herzens folgen darf. Größer wird die Zahl derer sein, welche kurzsichtig oder leichtsinnig, ohne sich über die Zukunft Gedanken zu machen, ihrer Leidenschaft die Zügel schießen lassen. Alsdann würden Eltern oder Vormünder berechtigt und verpflichtet sein, ihre Einwilligung zu versagen, wenn den künftigen Eheleuten das nöthige Auskommen fehlen würde (§ 60 II Tit. I Preuß. A.L.R.). Denn bei „verständiger Würdigung des Wesens der Ehe" ist die Vermögensfrage vollberechtigt, da es ad sustinenda onera matrimonii einer materiellen Grundlage bedarf, wenn die Familie sich normal entwickeln soll. Diesen für die große Masse des Volkes allein maßgebenden Gesichtspunkt darf der Gesetzgeber nicht aus den Augen verlieren, wenn er auch für seine Person sich noch so sehr als Idealist fühlen mag. Dazu kommt, daß in dem in Rede stehenden § 1334 der arglistigen Täuschung ja geradezu ein Freibrief ausgestellt wird, was kaum vereinbart sein dürfte mit dem vom B.G.B. anerkannten Grundsatze, daß das pactum ne dolus praestetur nichtig ist.[60])

---

[60]) S. §§ 138, 443, 479, 540, 637. Nach dem Bericht der Reichstags-Kommission Nr. 440b S. 59 wurde folgendes Beispiel angeführt: Wenn der Verlobte, um seine Stelle, deren Einkünfte er zur Erhaltung seiner Familie unbedingt bedürfe, behalten zu können, eine Kaution stellen müsse und diese Kaution nur bei Vorhandensein eines bestimmten Minimalvermögens der Frau von ihm gestellt werden könne, so sei eine arglistige Täuschung über dieses Vermögen seitens der mit dieser Sachlage bekannten Braut, Täuschung über einen Umstand, der bei richtiger Würdigung des Zwecks der Ehe auf den Entschluß zur Eheschließung von Einfluß sein durfte. Denn es entfalle mit dem Vermögen unter diesen und ähnlichen Umständen die wesentliche materielle Grundlage, auf der bei solcher Sachlage allein eine ordentliche Ehe zu führen sei. — Darauf wurde entgegnet: „man degradire durch Zulassung einer Anfechtung in solchen Fällen die Ehe zu einer Art Handelsgeschäft. Das sei unerträglich, die Ehe müsse als sittliches Institut ganz abgelöst von den Vermögensverhältnissen behandelt werden." — Ohne Zweifel sehr erhaben, aber nicht passend für die irdischen, den Stoff der Gesetzgebung bildenden Verhältnisse. S. auch R.G.E. 18 S. 223 f.

Die näheren Bestimmungen über die Geltendmachung des Anfechtungsrechts sind in den §§ 1336 bis 1343 enthalten.[60a])

Das Anfechtungsrecht ist höchstpersönlich. Die Anfechtung kann daher nicht durch einen gewillkürten Vertreter erfolgen. Jedoch ist im § 613 C.P.O. die Führung des Anfechtungsprozesses auf Grund einer Spezialvollmacht zugelassen.

Der in der Geschäftsfähigkeit beschränkte Ehegatte kann ohne Zustimmung seines gesetzlichen Vertreters anfechten — mit Ausnahme der Fälle des § 1331. In diesen hat allein der gesetzliche Vertreter das Anfechtungsrecht.

Ist endlich der Anfechtungsberechtigte geschäftsunfähig, so erfolgt die Anfechtung durch den gesetzlichen Vertreter mit Einwilligung des Vormundschaftsgerichtes. § 1336.

Die Anfechtung ist zulässig nur binnen einer Ausschlußfrist von sechs Monaten (nach näherer Bestimmung des § 1339) und nur durch Erhebung der Anfechtungsklage, so lange nicht die Ehe aufgelöst ist. [S. oben Anm. 55c.] — Nach Auflösung der Ehe erfolgt sie durch öffentlich beglaubigte Erklärung gegenüber dem Nachlaßgerichte.

Bei erfolgreicher Anfechtung ist die Ehe als von Anfang an nichtig anzusehen §§ 1341, 1343. Dies entspricht der Auffassung des B.G.B., daß die Anfechtung nichts ist, als eine private aber dinglich wirkende Nichtigkeitserklärung. Diese Auffassung ist zwar durchaus nicht durch den Begriff der Anfechtung geboten; ja sie ist für manche Fälle, namentlich für das Anfechtungsrecht der Gläubiger, entschieden unpassend. Aber sie ist für den Fall der Anfechtung einer Ehe allerdings geboten, weil hier das Interesse des Berechtigten nur gewahrt werden kann, wenn die Ehe entweder aufrecht erhalten oder in der Art aufgehoben wird, daß man sie als von vornherein nichtig behandelt.

Die Anfechtung gilt übrigens nach § 1341 als nicht erfolgt 1. wenn die Anfechtungsklage zurückgenommen wird und 2. wenn die angefochtene Ehe vor erfolgter Nichtigkeitserklärung oder Aufhebung bestätigt wird.

Die Anfechtung ist ferner nach §§ 1337, 1338 ausgeschlossen:

1. wenn im Falle beschränkter Geschäftsfähigkeit die Ehe nach Beseitigung des Hindernisses bestätigt oder wenn sie vom gesetzlichen Vertreter genehmigt bezw. die Genehmigung vom Vormundschaftsgerichte ersetzt wird;

[60a]) [2] S. hierzu jetzt Unzner S. 59 ff., Engelmann S. 53 ff.

2. wenn in den übrigen Fällen nach Entdeckung des Irrthums oder der Täuschung bezw. nach Aufhören der Zwangslage die Ehe bestätigt wird;
3. wenn die Ehe in anderer Weise als durch den Tod des nicht anfechtungsberechtigten Ehegatten aufgelöst ist.

Dem Berechtigten wird also das Anfechtungsrecht durch den Tod des anderen Ehegatten nicht entzogen.

Ferner ist zu beachten, daß die Erhebung der Anfechtungsklage zweierlei enthält, nämlich 1) prozessualisch den Antrag auf Feststellung und 2) materiell die Anfechtung (Geltendmachung des Anfechtungsrechtes). — Hat also der Anfechtungsberechtigte bei seinen Lebzeiten die Anfechtungsklage erhoben, so ist zwar bei seinem Ableben nach § 628 C.P.O. der Rechtsstreit als nunmehr in der Hauptsache erledigt anzusehen. Es kann aber auf Grund der erfolgten Anfechtung die Nichtigkeit der Ehe nunmehr von Jedem geltend gemacht werden, der daran ein rechtliches Interesse hat.

Von dem sog. Rechtsgeschäfte der Bestätigung war schon oben (Anm. 56a) die Rede.

Hinsichtlich des Verfahrens[60b]) enthält die Civilprozeßordnung folgende Vorschriften:

§ 151. Hängt die Entscheidung eines Rechtsstreits davon ab, ob eine Ehe nichtig ist, so hat das Gericht, wenn die Nichtigkeit nur im Wege der Nichtigkeitsklage geltend gemacht werden kann, auf Antrag das Verfahren auszusetzen und, falls die Nichtigkeitsklage noch nicht erhoben ist, eine Frist zur Erhebung der Klage zu bestimmen. Ist die Nichtigkeitsklage erledigt oder wird sie nicht vor dem Ablaufe der bestimmten Frist erhoben, so ist die Aufnahme des ausgesetzten Verfahrens zulässig.

§ 152. Hängt die Entscheidung eines Rechtsstreits davon ab, ob eine im Wege der Anfechtungsklage angefochtene Ehe anfechtbar ist, so hat das Gericht auf Antrag das Verfahren auszusetzen. Ist der Rechtsstreit über die Anfechtungsklage erledigt, so findet die Aufnahme des ausgesetzten Verfahrens statt.

§ 627 Abs. 1. Hat der Rechtsstreit die Scheidung, Nichtigkeit oder Anfechtung der Ehe zum Gegenstande, so kann das

---

[60b]) [2] Hierzu ausführlich Unzner S. 43 ff.

Gericht auf Antrag eines der Ehegatten durch einstweilige Verfügung für die Dauer des Rechtsstreits das Getrenntleben der Ehegatten gestatten, die gegenseitige Unterhaltspflicht der Ehegatten nach Maßgabe des § 1361 des B.G.B. ordnen, wegen der Sorge für die Person der gemeinschaftlichen minderjährigen Kinder, soweit es sich nicht um die gesetzliche Vertretung handelt, Anordnungen treffen und die Unterhaltspflicht der Ehegatten den Kindern gegenüber im Verhältnisse der Ehegatten zu einander regeln.

§ 629 Abs. 1. Das auf eine Nichtigkeitsklage oder eine Anfechtungsklage ergehende Urtheil wirkt, sofern es bei Lebzeiten beider Ehegatten rechtskräftig wird, für und gegen Alle. Ist jedoch die Nichtigkeitsklage auf Grund des § 1326 des B.G.B. erhoben, so wirkt das Urtheil, durch welches sie abgewiesen wird, gegen den Dritten, mit dem die frühere Ehe geschlossen war, nur dann, wenn er an dem Rechtsstreite Theil genommen hat.

IV. Es fragt sich nun, welches sind die Wirkungen der wirklichen oder in Folge der Anfechtung erklärten Nichtigkeit.

Was das Verhältniß zu Dritten betrifft, so kann nach § 1344 gegen ein Rechtsgeschäft oder ein rechtskräftiges Urtheil dem Dritten gegenüber die Nichtigkeit der Ehe nur eingewendet werden, wenn die Ehe für nichtig erklärt, bezw. die Nichtigkeit der Ehe dem Dritten bekannt war, und zwar zur Zeit der Eingehung des Rechtsgeschäftes, resp. des Eintrittes der Rechtshängigkeit.[60c])

Dagegen kann die Nichtigkeit unbeschränkt geltend gemacht werden, wenn die Ehe formlos eingegangen und auch nicht in das Register eingetragen ist.

Was dagegen das Verhältniß unter den Ehegatten selbst betrifft, so hat unter den in §§ 1345—1347 spezifizirten Voraussetzungen der eine Ehegatte das Recht zu verlangen, daß das Verhältniß zu dem anderen Ehegatten, welcher bei Eingehung der Ehe das Hinderniß kannte, in vermögensrechtlicher Beziehung so behandelt werde, als

---

[60c]) [2] Der § 1344 gilt im Verhältnisse zu Dritten für alle Rechtsgeschäfte und Klagen, die nach dem 1. Januar 1900 vorgenommen bezw. anhängig geworden sind, auch bei alten Ehen, vorausgesetzt, daß sie erst unter dem B.G.B. für nichtig erklärt worden sind.

wäre die Ehe geschieden und der andere Ehegatte für allein schuldig erklärt worden.[61])

Das Wahlrecht hat im Falle der Nichtigkeit derjenige Ehegatte, welcher im guten Glauben war; im Falle der Aufhebung der Ehe wegen widerrechtlicher Drohung der anfechtungsberechtigte Ehegatte, im Falle der Aufhebung wegen wesentlichen Irrthums der nicht anfechtungsberechtigte Ehegatte. Erklärt der berechtigte Ehegatte, von diesem Rechte keinen Gebrauch machen zu wollen, oder erklärt er sich nicht binnen der ihm von dem anderen Ehegatten gestellten angemessenen Frist, so bewendet es bei den Folgen der Nichtigkeit.[62]) Ebenso wenn beide Ehegatten in gutem Glauben gewesen sind, oder umgekehrt von gutem Glauben keine Rede sein kann, weil die Ehe formlos eingegangen und nicht in das Register eingetragen ist.

Tit. IV. Wiederverheirathung im Falle der Todeserklärung.

Das B.G.B. kennt keine Heilung des Ehehindernisses der bestehenden Ehe (Doppelehe, § 1326). Wurde also die neue Ehe geschlossen, weil der Tod des früheren Ehegatten als gewiß angenommen worden auf Grund einer Sterbeurkunde, welche sich hinterher als unrichtig herausstellt, so ist die zweite Ehe nichtig. Sie wird auch dann nicht gültig, wenn die frühere Ehe inzwischen durch den Tod aufgelöst worden ist. (Mot. IV S. 52, 640 f.)

Anders wird der Fall behandelt, daß durch Todeserklärung (§§ 13—20) eine Todesvermuthung begründet ist; denn hier liegt in den meisten Fällen die Sache so, daß dem Verschollenen bösliche Verlassung oder doch grobes Verschulden zur Last fällt, weil er so lange Jahre niemals von seinem Leben und Aufenthalte Nachricht gegeben hat.[62a]) Deshalb hält das B.G.B. in Uebereinstimmung mit dem Preuß.

[61]) S. §§ 1578 ff., 1584 ff. B.G.B. — S. auch Engelmann S. 63 f.

[62]) Kinder aus nichtigen Ehen gelten für ehelich, sofern nicht beide Ehegatten die Nichtigkeit bei der Eheschließung gekannt haben. § 1699 B.G.B. — War die Ehe schon vor dem Inkrafttreten des B.G.B. geschlossen, so bestimmen sich die Rechte der Kinder nach den bisherigen Gesetzen. Art. 207 des Einf.G.

[62a]) [2] In solchen Fällen kann sich der zurückgebliebene Ehegatte gegen die Gefahr der Nichtigkeit seiner neuen Ehe zwar dadurch schützen, daß er zunächst die Scheidung der ersten Ehe wegen böslicher Verlassung herbeiführt. Allein

A.L.R. II Tit. I § 666 und anderen neueren Gesetzen den zurückgebliebenen Ehegatten nach erfolgter Todeserklärung für befugt, ohne Weiteres eine neue Ehe einzugehen.

Durch Eingehung dieser neuen Ehe wird die frühere aufgelöst (§ 1348).[63]) — Soll aber dem Ehegatten des für todt Erklärten die Wiederverheirathung ermöglicht werden, so muß er auch gegen die Gefahr geschützt sein, daß, wenn der Verschollene noch lebt, die neue Ehe von ihm als nichtig angefochten, bezw. ohne Weiteres als nichtig behandelt werden kann. Bei der vorhandenen Kollision verdienen die Ehegatten und Kinder der zweiten Ehe mehr Rücksicht als der Verschollene. (Mot. IV S. 642, Denkschr. S. 180.)

Deshalb ist in § 1348 ferner bestimmt, daß die Ehe des für todt Erklärten auch dann aufgelöst bleibt, wenn die Todeserklärung in Folge einer Anfechtungsklage (§§ 957, 973 C.P.O.) aufgehoben wird.

Diese Bestimmung war auch deshalb geboten, weil nach § 836 p. der rev. C.P.O., jetzt § 974 C.P.O. (Denkschr. S. 352) zur Erhebung der Anfechtungsklage gegen das die Todeserklärung aussprechende Urtheil Jeder berechtigt ist, der an der Aufhebung der Todeserklärung ein rechtliches Interesse hat, der Bestand der früheren wie der neuen Ehe aber nicht abhängig gemacht werden darf von dem Ermessen eines Dritten, bezw. von dem Ausfalle eines mit dem Dritten geführten Rechtsstreites.

Indessen wirkt immerhin die Anfechtung der Todeserklärung als aufschiebendes Hinderniß. Wurde die Anfechtungsklage erhoben vor Eingehung der neuen Ehe, so muß die Erledigung des Rechtsstreites abgewartet werden, es sei denn, daß die Anfechtung länger als zehn Jahre nach der Urtheilsverkündigung erfolgt, d. h. zu einer Zeit, zu welcher sie nach § 958 Abs. 2 C.P.O. nicht mehr statthaft war (§ 1349). Auch ist die neue Ehe dann nichtig, wenn beide Ehegatten bei Eingehung derselben wußten, daß der Verschollene die Todeserklärung überlebt habe.[64])

---

gerade dann, wenn die Umstände dafür sprechen, daß der Verschollene wirklich todt ist, versagt dieses Hülfsmittel. S. Unzner S. 73 f. (Vorbem. zu Tit. IV.)

[63]) [²] Diese Auflösung wirkt auch in erbrechtlicher Beziehung §§ 1933, 2077, 2268, 2279. — Auch der Verschollene darf in Folge der Auflösung seiner Ehe durch Wiederverheirathung des anderen Theiles seinerseits eine neue Ehe eingehen. — Sind aus der somit aufgelösten Ehe Kinder vorhanden, so bestimmt sich die Unterhaltspflicht der Eltern nach §§ 1352, 1585.

[64]) Nach Entw. I § 1464 Abs. 3 sollte die Auflösung nur dann nicht eintreten, wenn die Ehegatten der neuen Ehe wußten, daß bei Abschluß derselben der Ver-

Besonders zweifelhaft ist es, ob? von wem? und unter welchen Voraussetzungen? die neue Ehe wegen Ueberlebens des Verschollenen soll angefochten werden können, und ob im Falle der Aufhebung der neuen Ehe (aus diesem oder aus anderen Gründen) die frühere Ehe aufgelöst bleibt oder wieder auflebt?

Der Entw. I (§ 1464) sprach allgemein aus, daß die Auflösung der früheren Ehe auch dann in Kraft bleibe, wenn die neue Ehe mit Erfolg angefochten wird. Der Entw. II (§ 1482) beschränkte dies auf die im Tit. III. angeführten Anfechtungsfälle, also solche, in denen die neue Ehe nicht nichtig ist, sondern in Folge eines imped. privatum aufgehoben und als nichtig behandelt wird.

Dieser Satz des § 1482 Abs. 1 Entw. II ist zwar in der Vorlage sowohl als im B.G.B. fortgeblieben, aber wohl nur deshalb, weil er als selbstverständlich erachtet wurde.

Was dagegen den Fall des Ueberlebens des Verschollenen betrifft, so ist es für geboten erachtet, demjenigen Ehegatten der zweiten Ehe, der dieselbe aus Gewissensbedenken nicht aufrecht erhalten will, das Recht der Anfechtung zu geben und zwar hier mit der Wirkung, daß in Folge der Aufhebung der neuen Ehe die frühere wieder auflebt.[65])

In dieser Beziehung bestimmt § 1350, daß jeder Ehegatte der neuen Ehe dieselbe anfechten kann, wenn der für todt Erklärte noch lebt, es sei denn, daß er bei der Eheschließung von dessen Leben Kenntniß hatte.

Die Anfechtung kann nur erfolgen binnen einer Frist von sechs Monaten seit erlangter Kenntniß von dem Leben des für todt Erklärten; und sie wird ausgeschlossen durch sog. „Bestätigung", d. h. formlosen Verzicht und durch Auflösung der neuen Ehe durch Tod eines Ehegatten.

Es ergiebt sich hieraus zweierlei. Zunächst hat der für todt Erklärte selbst kein Anfechtungsrecht. Ferner wird dieser Fall nicht be-

---

schollene noch lebte. Die Abänderung beruht auf der Erwägung, daß die Todeserklärung keine Bedeutung hat, wenn die Ehegatten wissen, daß der Verschollene zur Zeit der Todeserklärung noch gelebt hat. Reatz, II. Lesung II S. 135 Anm. 1.

[65]) S. Mot. a. a. O. S. 644 vergl. mit Denkschrift S. 180 f.; jetzt auch Unzner S. 76 und Engelmann S. 67. In dem Kommissionsberichte Nr. 440b S. 61 wird die Meinung ausgesprochen, der verlassene Ehegatte werde bei langjähriger Abwesenheit des Anderen vernünftiger Weise auf Scheidung wegen böslicher Verlassung klagen, statt Todeserklärung zu beantragen. Deshalb werde die in Rede stehende Anfechtung nur äußerst selten vorkommen. S. indessen oben Anm. 62a.

handelt als Nichtigkeit wegen Bestehens einer gültigen Ehe § 1326, sondern als nicht nur formelle, sondern materielle Anfechtbarkeit, analog der Anfechtung wegen wesentlichen Irrthums §§ 1333, 1339.

Auch hat nach § 1351, wenn die neue Ehe von dem „Ehegatten der früheren Ehe" angefochten wird, — und in Folge der Anfechtung für aufgehoben erklärt wird, — der anfechtende Ehegatte dem anderen, falls dieser die Ehe in gutem Glauben abgeschlossen hatte, wie ein als allein schuldig Geschiedener Unterhalt zu gewähren.

Was die materiellen Voraussetzungen der Eheschließung betrifft, so entscheiden hinsichtlich jedes der beiden Verlobten die Gesetze des Staates, dem er angehört, wenn entweder

a) einer der Verlobten ein Deutscher ist oder

b) Ausländer im Inlande eine Ehe eingehen.[65a)]

Hinsichtlich der Form dagegen entscheiden ausschließlich die deutschen Gesetze, wenn die Ehe im Inlande geschlossen ist (Art. 13 Einf.Ges.).

Hinsichtlich der materiellen Voraussetzungen ist also nicht, wie im Art. 14—17, das Personalstatut des Ehemannes allein entscheidend, sondern die Erfordernisse der Gültigkeit müssen für beide Eheleute vorliegen. — Der Grundsatz des Art. 13 Einf.Ges. kann sich modifiziren durch Rückverweisung (Art. 27) oder durch zwingendes Inlandsrecht (Art. 30).[65b)]

Für die im Auslande geschlossenen Ehen ist Art. 11 des Einf.Ges. maßgebend.

[65a)] [2] In Ansehung der Ehefrau eines nach Art. 9 Abs. 3 für todt erklärten Ausländers wird die Eingehung der Ehe nach den deutschen Gesetzen beurtheilt (Art. 13 Abs. 2), denn sie hängt wesentlich zusammen mit der nach deutschen Gesetzen erfolgten Todeserklärung. Niedner S. 35 f. (Anm. 4 zu Art. 13 Einf.Ges.). Ferner bestimmt Art. 42 des Entw. des Preuß. Ausf.Ges. für den Fall, daß Ausländer oder Ausländerinnen in Preußen eine Ehe eingehen wollen, unter Aufhebung der bisher geltenden landesgesetzlichen Vorschriften Folgendes: Sie haben ein Zeugniß ihrer Heimathsbehörde darüber beizubringen, daß derselben ein nach den Gesetzen des Heimathsstaates bestehendes Ehehinderniß nicht bekannt geworden ist. Der Ausländer hat ein Zeugniß derselben Behörde darüber beizubringen, daß er durch die Eheschließung seine Staatsangehörigkeit nicht verliert, sondern sie auf die Ehefrau, die ehelichen und die durch nachfolgende Ehe legitimirten Kinder überträgt. Die Zeugnisse müssen von einem Konsul oder Gesandten des Reichs mit Beglaubigung der Zuständigkeit der Behörde versehen sein. Dispense können im Allgemeinen oder im einzelnen Falle bewilligt werden.

[65b)] [2] S. Niedner (zu Art. 13 Einf.Ges.) S. 68 ff., 77 ff.

Inwiefern ausländische, auf Nichtigkeit einer Ehe lautende Urtheile in Deutschland anerkannt werden, ergiebt sich aus § 328 C.P.O. Danach braucht Gegenseitigkeit nicht verbürgt zu sein.

Zu Tit. II, III und IV kommt für die Uebergangszeit Art. 198 des Einf.Ges. in Betracht, welcher vorschreibt:

„Die Gültigkeit einer vor dem Inkrafttreten des B.G.B. geschlossenen Ehe bestimmt sich nach den bisherigen Gesetzen.

Eine nach den bisherigen Gesetzen nichtige oder ungültige Ehe ist als von Anfang an gültig anzusehen, wenn die Ehegatten zur Zeit des Inkrafttretens des B.G.B. noch als Ehegatten mit einander leben und der Grund, auf dem die Nichtigkeit oder die Ungültigkeit beruht, nach den Vorschriften des B.G.B. die Nichtigkeit oder die Anfechtbarkeit der Ehe nicht zur Folge haben oder diese Wirkung verloren haben würde. Die für die Anfechtung im B.G.B. bestimmte Frist beginnt nicht vor dem Inkrafttreten des B.G.B."

„Die nach den bisherigen Gesetzen erfolgte Ungültigkeitserklärung einer Ehe steht der Nichtigkeitserklärung nach dem B.G.B. gleich."

Dazu ist Folgendes zu bemerken:

Nach § 32 des Reichs-Civilstandsgesetzes vom 6. Februar 1875 stand bisher großjährigen Kindern bei Versagung des elterlichen Heirathskonsenses gerichtliche Klage auf Ergänzung desselben zu. Ist eine solche Klage beim Inkrafttreten des B.G.B. anhängig, so muß sie zurückgenommen bezw. für erledigt erklärt werden, da nach § 1308 B.G.B. und § 53 Fr.G. die Ergänzung nicht mehr im Prozeßwege erfolgt, sondern nur noch durch das Vormundschaftsgericht.[65c)]

Die Gültigkeit der unter dem alten Rechte geschlossenen Ehen bestimmt sich laut Art. 198 Abs. 1 nach den bisherigen Gesetzen sowohl hinsichtlich der sachlichen Voraussetzungen als hinsichtlich der Form. Auch die Frage entscheidet sich nach dem bisherigen Rechte, ob unter den „bisherigen Gesetzen" die am Wohnsitze des Ehemannes geltenden oder diejenigen seines Heimathsstaates zu verstehen sind.

Obiger Grundsatz unterliegt aber nach Abs. 2 einer Einschränkung mit Rücksicht auf die heilende Kraft des verwirklichten Willens, unter

[65c)] [2] S. Habicht S. 378 f. Die unter der Herrschaft des Code civil Art. 180 durch Betrug zu Stande gekommene Ehe ist trotz § 1334 B.G.B. unter dem neuen Rechte nicht anfechtbar. Weitere Kasuistik bei Niedner S. 311 (Anm. II zu Art. 198).

dem neuen Rechte die Ehe fortzusetzen, welche unter dem bisherigen Rechte ungültig gewesen war. Sie wird unter den im Abs. 2 angegebenen Voraussetzungen in Folge unter dem neuen Rechte fortgesetzten Zusammenlebens (vgl. § 1324 Abs. 2) als von Anfang an gültig angesehen. Jedoch läuft im Falle der Anfechtbarkeit nach dem neuen Rechte die sechsmonatliche Anfechtungsfrist § 1339 Abs. 1 erst mit Ende Juni 1900 ab.[65d])

Bisher konnte z. B. nach § 42 des Reichs-Civilstandsgesetzes vom 6. Februar 1875 eine Ehe deshalb angefochten werden, weil der Standesbeamte nicht der zuständige war. Nach § 1319 B.G.B. ist dies in der Regel nicht mehr der Fall. Die Ehe wird also bei fortgesetztem Zusammenleben mit dem 1. Januar 1900 gültig, es sei denn, daß beide Ehegatten bei Eingehung der Ehe den Zuständigkeitsmangel gekannt haben.[65e])

Wer die vor dem 1. Januar 1900 geschlossene, nachher fortgesetzte Ehe nach protestantischem Kirchenrechte deshalb hätte anfechten können, weil er zu deren Eingehung durch absichtliche Täuschung hinsichtlich der Vermögensverhältnisse der Braut bestimmt worden (R.G.E. 5 S. 177, 18 S. 223) kann dies nach dem genannten Tage nicht mehr, weil dieser Anfechtungsgrund durch § 1334 Abs. 2 B.G.B., Art. 198 Einf.Ges. nunmehr ausgeschlossen ist.[65f])

Tit. V. Wirkungen der Ehe im Allgemeinen.

Hier lag der Gedanke nahe, ein allgemeines Prinzip, einen leitenden Grundsatz an die Spitze zu stellen, welcher für die im Einzelnen anzuerkennenden Rechte und Pflichten, namentlich auch für die Anfechtungs- und Rücktrittsrechte den Maßstab abzugeben geeignet sei.

Man kann hierbei zwei Wege einschlagen. Entweder man begnügt sich mit einer Beschreibung des ehelichen Verhältnisses, nach Art der Definition des heidnischen Juristen Modestinus als „conjunctio maris et feminae et consortium omnis vitae, divini et humani juris communicatio";[66]) oder man geht auf die Hauptzwecke der Ehe ein nach

---

[65d]) [2] S. §§ 187 Abs. 2, § 188 B.G.B. — Haben die Ehegatten schon vor dem 1. Januar 1900 dauernd getrennt gelebt, so tritt die Heilung der Ungültigkeit nicht ein. S. auch Riedner S. 311 f.

[65e]) [2] Habicht S. 379 ff., 382 f.

[65f]) [2] S. Habicht S. 381.

[66]) L 1 D. de ritu nuptiarum 23. 2.

dem Muster der Schöpfungsgeschichte (im ersten Buche Moses), die sobolis procreatio und das mutuum adjutorium.[67]) Diesen letzteren Weg haben die modernen Gesetzbücher eingeschlagen, indem sie theils jene Hauptzwecke als solche ausdrücklich hinstellten, wie z. B. das Preuß. A.L.R. und das Oesterr. B.G.B., theils die Eheschließung als diese Zwecke und die entsprechenden Verpflichtungen enthaltend deklarirten wie das Sächs. B.G.B. und das Bad. L.R.[68])

Naturgemäß ergeben sich aus der Zweckbestimmung neben anderen Folgesätzen auch Nichtigkeiten, Anfechtungsrechte und Rücktrittsrechte, d. h. Ansprüche auf Scheidung der Ehe, falls der Zweck sich als vereitelt, die Erfüllung sich als unmöglich herausstellt, — nach Analogie des Gesellschaftsrechtes §§ 723, 726 B.G.B.

Eben deshalb wird in neuerer Zeit von Seiten derjenigen, welche jede derartige Schlußfolgerung vermieden sehen möchten, die Ehe als Selbstzweck, jede andere, konkretere Zweckbestimmung als sittlich verwerflich hingestellt.

So erklären auch die Motive IV S. 104 f. die Spezialisirung der Pflichten zur Treue, zum gegenseitigen Beistand, zum Zusammenleben und zur Leistung der ehelichen Pflicht für nicht zweckmäßig, weil den sittlichen Inhalt der Ehe doch nicht erschöpfend. Als grundlegendes Prinzip wird vielmehr in § 1352 der Satz ausgesprochen:

---

[67]) 1. Buch Mose Kap. 1 V. 28. Und Gott segnete sie und sprach zu ihnen: „Seid fruchtbar und mehret Euch und füllet die Erde und machet sie Euch unterthan." Kap. 2 V. 18 ff. Und Gott der Herr sprach: „Es ist nicht gut, daß der Mensch allein sei, ich will ihm eine Gehilfin machen, die um ihn sei."

[68]) Preuß. A.L.R. II 1 § 1. Der Hauptzweck der Ehe ist die Erzeugung und Erziehung der Kinder. § 2. Auch zur wechselseitigen Unterstützung allein kann eine gültige Ehe geschlossen werden. (Folgesätze §§ 174—182.) Oesterr. B.G.B. I. Th. 2 Hauptstück § 44. Die Familienverhältnisse werden durch den Ehevertrag gegründet. In dem Ehevertrage erklären zwei Personen verschiedenen Geschlechtes gesetzmäßig ihren Willen, in unzertrennlicher Gemeinschaft zu leben, Kinder zu erzeugen, sie zu erziehen und sich gegenseitig Beistand zu leisten (Folgesätze §§ 89 bis 92). — Sächs. B.G.B. § 1630. Die Ehegatten sind sich gegenseitig zur Treue, zur Leistung der ehelichen Pflicht und zur Unterstützung verbunden. (Folgesätze §§ 1631—1637.) L.R. f. d. Großherzogthum Baden I. Buch 5. Tit § 203a. Die Ehegatten übernehmen mit einander schon dadurch allein, daß sie heirathen, die Verbindlichkeit, ihre Kinder zu ernähren, zu pflegen und zu erziehen. § 212. Die Ehegatten sind einander Treue, Hilfe und Beistand schuldig. (Folgesätze §§ 205, 213, 214.) Dazu m. Gutachten in den Verhandlungen des XX. Juristentages (1889) II S. 125 ff. Anm. 29 bis 31.

„Die Ehegatten sind einander zur ehelichen Lebensgemeinschaft verpflichtet."

Indessen erscheint dies deshalb als verfehlt, weil diese Lebensgemeinschaft keine Verpflichtung, sondern ein Zustand ist, — und zwar derjenige Zustand, welchen herzustellen und zu erhalten die Ehegatten durch treue Erfüllung der ehelichen Pflichten unablässig bestrebt sein sollen. Modestinus konnte mit Recht sagen: „Die Ehe ist eine Verbindung zu totaler Lebensgemeinschaft", aber eine Verpflichtung hat in dieser viel zu großen Allgemeinheit weder das römische Recht, noch irgend ein modernes Gesetzbuch ausgesprochen. — Viel näher liegt es vom gesetzgeberischen Standpunkte aus, zu bestimmen, unter welchen Modalitäten und in welchem Umfange die Aufhebung der Gemeinschaft — als die mildeste Form der Selbsthülfe in unzuträglichen bezw. unerträglichen Ehezuständen — gestattet sein soll.

Als wichtigste Folge jener ganz allgemein hingestellten Pflicht zur Lebensgemeinschaft erschien im Entw. I § 1276 die Klage auf Herstellung des ehelichen Lebens, umfassend die Klage auf Leistung der ehelichen Pflicht im engeren Sinne. Die hierauf bezügliche Bestimmung ist aber gestrichen und in die Prozeßordnung (§ 573a) verwiesen.[69])

In den Motiven zu § 1276 (Mot. IV S. 108 ff.) wird auf den § 774 jetzt § 888 C.P.O. Bezug genommen, nach welchem im Falle einer Verurtheilung zur Herstellung des ehelichen Lebens die Vollstreckung durch Geldstrafen oder Haft bisher insoweit stattfand, als die Landesgesetze sie für zulässig erklären. Dies sei dahin abzuändern, daß überhaupt keine Vollstreckung stattfindet, weil Zwangsmaßregeln nicht nur unvereinbar mit dem Wesen der Ehe, sondern auch erfahrungsmäßig ohne praktischen Erfolg seien und die Erbitterung unter den Eheleuten nur vermehren.

Nun ist zwar, wie im Eingange erwähnt ist, die Klage aus dem Verlöbniß auf Eingehung der Ehe gerade deshalb für unstatthaft erklärt, weil das Urtheil doch nicht erzwingbar und weil es des Rechtes nicht würdig sei, Klage und Urtheil zuzulassen, deren Vollstreckung versagt werden muß. — Hier aber wird das entgegengesetzte Verfahren

---

[69]) S. Reatz II Lesung II S. 29, Prot. IV S. 99. Der § 1276 Entw. I, jetzt § 612 Abs. 2 der C.P.O. (Denkschrift S. 325) bestimmt, daß der gesetzliche Vertreter eines Geschäftsunfähigen zur Anstellung dieser Klage nicht befugt ist. Im Desertionsverfahren aus § 1567 Abs. 2 Nr. 1 wird eine Klage „auf Herstellung der häuslichen Gemeinschaft" vorausgesetzt. — S. unten Anm. 109a

beliebt und dies damit zu rechtfertigen gesucht, daß einerseits schon die Verurtheilung als solche, wegen ihres moralischen Einflusses von Werth sei, andererseits dieselbe eine festere Grundlage bilde für das Ehescheidungsverfahren.

Ausdrücklich erwähnt ist im Titel von der Scheidung der Ehe eine Verurtheilung zur Herstellung der „häuslichen Gemeinschaft“, allerdings nur als Voraussetzung der Scheidungsklage wegen sogen. Quasidesertion § 1567 Abs. 2 Nr. 1. Abgesehen hiervon ist aber zugleich an den voraussichtlich häufigen Fall zu denken, daß gegenüber der Klage auf Herstellung der häuslichen Gemeinschaft, Widerklage auf Scheidung wegen Ehezerrüttung (§ 1568) angestellt wird.

Der fünfte Titel bezieht sich auf die persönlichen Wirkungen der Ehe und auf diejenigen vermögensrechtlichen Wirkungen, welche nicht bedingt sind durch ein bestimmtes Güterrecht. Soweit die persönlichen Pflichten überwiegend sittlicher Natur sind, findet direkter Erfüllungszwang nicht statt.

Die Erfüllungsklage, bezeichnet als Klage „auf Herstellung des ehelichen Lebens“, wird je nach ihrer Veranlassung spezialisirte Anträge (§ 253 Abs. 2 [2] C.P.O.) enthalten müssen. Sie ist in der Civilprozeßordnung eingehend normirt,[69 a]) das Urteil jedoch, wie schon erwähnt, nicht vollstreckbar.

Praktischer ist die Anrufung des Vormundschaftsrichters in §§ 1357, 1358 B.G.B., §§ 45, 53 Fr.G. — Schlimmstenfalls führt die Pflichtverletzung zur Klage auf Scheidung. §§ 1567, 1568.

Bei Normirung der Wirkungen der Ehe im Einzelnen ist in erster Linie immer zu erwägen, ob nicht mit Rücksicht auf die vorwiegend sittliche Natur des Eheverhältnisses von einem Eingriffe durch Aufstellung bestimmter Rechte und Pflichten besser ganz Abstand zu nehmen; ferner ob und inwieweit es geboten sei, diese Rechte und Pflichten für absolute zu erklären und somit der Privatverfügung und Uebereinkunft der Betheiligten gänzlich zu entziehen.[69 b])

Dabei ist, der bisherigen geschichtlichen Entwickelung entsprechend, im B.G.B. als selbstverständliche Regel vorausgesetzt, daß innerhalb

---

[69 a]) [2] S. §§ 606 ff., 612 ff., 617, 621, 627 C.P.O. und dazu Unzner S. 80 f.

[69 b]) [2] Für die gemeinrechtliche Gültigkeit eines Vertrages unter den (geschiedenen) Eheleuten über die Erziehung der Kinder und den Verkehr mit denselben R.G.E. 37 S. 189. Vergl. Mot. IV S. 627 f.

des gegenseitigen Abhängigkeitsverhältnisses der Mann die führende Stellung hat, daß grundsätzlich im Streitfalle dem Manne die Entscheidung zusteht und gebührt, — es sich also nur darum handeln kann, der Frau in gewissem Umfange Schutz gegen Vergewaltigung und gegen Rechtsmißbrauch zu gewähren.

Auf dieser Grundlage ist im Einzelnen Folgendes bestimmt:[69c])

> Im § 1353 cessirt die Pflicht zur ehelichen Gemeinschaft für beide Theile, sofern das Verlangen sich als Rechtsmißbrauch darstellt oder der andere Ehegatte berechtigt ist, auf Scheidung zu klagen.
>
> Nach § 1354 steht dem Manne die Entscheidung in allen das gemeinschaftliche Leben betreffenden Angelegenheiten zu; jedoch ist die Frau, wenn sich die Entscheidung als Rechtsmißbrauch darstellt, zur Folgeleistung nicht verpflichtet.[70])

Bezieht sich die Meinungsverschiedenheit indessen auf die Ausübung der elterlichen Gewalt über die Kinder, so geht nach § 1634 die Meinung des Vaters schlechthin vor. Von einer Abhülfe im Falle eines Mißbrauches ist hier nicht die Rede.[71])

[69c]) Die Bestimmungen dieses Titels werden mit dem Inkrafttreten des B.G.B. maßgebend auch für die alsdann bereits bestehenden Ehen. Art. 199 des Einf.-G. — Ebenso für deutsche Ehegatten, welche ihren Wohnsitz im Auslande haben. Art. 14 ebenda.

[70]) Hierher gehört die mehr oder weniger sparsame bezw. luxuriöse Einrichtung des Haushaltes, Beschränkung, Ausdehnung und Art des geselligen Verkehres, Krankenpflege, Erholungsreisen u. dergl.; — also doch nicht nur, wie Planck im Reichstage ausführte: an sich gleichgültige Fragen, wie z. B. in welchem Zimmer gewohnt, um welche Zeit die Mahlzeiten eingenommen werden sollen. Der Mann hat zu entscheiden, wenn im einzelnen Falle ein Einverständniß unter den Ehegatten nicht erzielt wird. Die Pflicht zur möglichsten Herstellung solchen Einverständnisses ergiebt sich für beide Ehegatten aus § 1353 Abs. 1. Dies ist wichtig für die Begründung der Mißbrauchs-Einrede seitens der auf Herstellung der ehelichen Gemeinschaft verklagten Ehefrau.

[71]) Nach dem Antrage des Vereins „Frauenwohl" sollte diese Bestimmung wie folgt abgeändert werden: „Die Ausübung des elterlichen Rechtes erfolgt, solange beide Eltern am Leben sind, durch beide Eltern gemeinschaftlich. Streitfälle entscheidet das zuständige Vormundschaftsgericht." S. Die Frau im neuen B.G.B. von Sera Proelß und Marie Raschke, Berlin 1895, S. 35. — Uebrigens bleiben, was die religiöse Erziehung der Kinder betrifft, nach Art. 134 des Einf.Ges. die landesgesetzlichen Vorschriften unberührt.

Daß das Entscheidungsrecht des Mannes ein absolutes sei, auf welches derselbe nicht verzichten kann, ist anscheinend als selbstverständlich erachtet worden,[72]) und zwar namentlich bezüglich der in § 1354 besonders hervorgehobenen Bestimmung des Wohnortes und der Wohnung.

Bekanntlich kann nach Preuß. A.L.R. II 1. § 682 der Frau die Pflicht, dem Manne zu folgen, durch einen vor der Heirath geschlossenen Vertrag erlassen werden.

Bei Berathung des Entw. I ist anscheinend vorausgesetzt, daß ein solcher Vertrag nichtig sein würde. Dadurch wird die Praxis nicht gehindert sein, entgegengesetzt zu entscheiden, oder doch unter Umständen eine vertragswidrige Bestimmung des Wohnortes als Rechtsmißbrauch zu erachten.

Ferner ist nach Preuß. A.L.R. II 1. § 681 die Frau dem Manne zu folgen nicht schuldig, wenn derselbe wegen begangener Verbrechen oder sonst wider die Gesetze sich aus den königlichen Landen entfernt hat.

Nach § 1636 des Sächs. B.G.B. gilt das Gleiche, wenn die Weigerung durch eine ernstliche Gefahr für Leben und Gesundheit oder durch gegründete Besorgniß wegen des künftigen Unterhaltes sich rechtfertigt.

Das B.G.B. hat derartige spezielle Bestimmungen als entbehrlich erachtet, da es immer nur darauf ankomme, ob das Verlangen der Folgeleistung, — namentlich nach einem im Auslande belegenen Wohnorte (§ 10), — als Mißbrauch des Rechtes Seitens des Ehemannes erscheint, was sich nur unter Berücksichtigung der Umstände des konkreten Falles entscheiden lasse. —

Im § 1354 wird lediglich ausgesprochen, daß die Frau den Fa-

---

[72]) Die Mot. IV S. 106 erklären, es sei nicht nöthig gewesen, diesen Satz im Gesetze auszusprechen, da er aus § 106 Entw. I von selbst folge, welcher Rechtsgeschäfte für nichtig erklärt, die gegen die guten Sitten oder die öffentliche Ordnung verstoßen. — Im B.G.B. § 138 sind indessen die Worte: „oder die bürgerliche Ordnung" gestrichen. Mithin würden abändernde Vereinbarungen der Eheleute zulässig und gültig sein, soweit sie nicht unsittlich sind. — [[2]] Auch Unzner S. 81 (Vorbem. 3 zu Tit. 5) hält Abänderung oder nähere Bestimmung der gesetzlichen Vorschriften nicht für unbedingt ausgeschlossen. Statthaft würde s. E. z. B. sein eine Vereinbarung darüber, daß das Kündigungsrecht des Mannes aus § 1358 nicht Platz greifen solle, bezw. zu welchen Diensten die Frau nach § 1356 verpflichtet bezw. nicht verpflichtet sei.

miliennamen des Mannes erhält.[73]) Gemeint ist, daß die Frau berechtigt und verpflichtet ist, diesen Namen zu führen.

Darüber, ob die Frau berechtigt ist, neben dem Familiennamen des Mannes auch ihren eigenen zu führen, ist nichts gesagt. Sie kann hieran als Künstlerin oder Schriftstellerin ein berechtigtes Interesse haben (§ 12), in welchem Falle ein vom Manne ausgesprochenes Verbot unter Umständen als Rechtsmißbrauch zu erachten sein würde.[73a])

Nach § 1356 ist die Frau nicht nur verpflichtet, sondern auch berechtigt, das gemeinschaftliche Hauswesen zu leiten, bezw. in demselben, soweit unter den Eheleuten üblich, thätig zu sein. Die grundlose Verkümmerung dieses Rechtes seitens des Ehemannes wäre also als Rechtsmißbrauch zu erachten; es kann darauf eine Klage auf Herstellung des ehelichen Lebens begründet werden (Mot. IV S. 107).

Da nach deutscher Auffassung auch das Geschäfts- und Berufsleben des Mannes von der ehelichen Gemeinschaft ergriffen wird, so ist die Frau zur Thätigkeit nicht nur im Hauswesen, sondern auch im Geschäfte des Mannes verpflichtet, soweit solche Thätigkeit nach den Lebensverhältnissen der Ehegatten üblich ist. In den wohlhabenden Klassen wird die Thätigkeit der Frau sich regelmäßig auf die Leitung des Hauswesens beschränken.

Eine dem Preuß. A.L.R. II Tit. 1. § 195 entsprechende Bestimmung, daß die Frau wider Willen des Mannes für sich selbst kein besonderes Gewerbe betreiben darf, ist in das B.G.B. nicht aufgenommen.

Auch der Art. 7 H.G.B., nach welchem die Frau ohne Einwilligung des Mannes nicht Handelsfrau sein darf, ist in dem neuen H.G.B. gestrichen.

Die Entscheidung über die Zulässigkeit selbständigen Gewerbebetriebes der Frau wird also aus den allgemeinen Grundsätzen §§ 1353, 1354

---

[73]) Das Institut der Ehe zur linken Hand, bei welcher die Frau nicht den Namen des Mannes erhält (Preuß. A.L.R. II 1. § 863) ist dem B.G.B. nicht bekannt. Auch die geschiedene Frau behält den Namen des Mannes, falls sie nicht vorzieht, ihren früheren Namen anzunehmen, oder der Mann von dem Rechte Gebrauch macht, ihr die Führung seines Namens zu untersagen (§ 1577).

[73a]) [2] So auch Unzner S. 83 (Anm. 1 zu § 1355). — Die Frau theilt nicht nur den Wohnsitz (§ 10), sondern auch den Stand des Mannes, sofern darunter die thatsächliche Lebensstellung verstanden wird. — Darüber, inwiefern sie durch Verheirathung den Adelsstand des Mannes erwirbt, entscheiden die Landesgesetze.

zu entnehmen sein. Leben z. B. die Eheleute thatsächlich getrennt, und beginnt die Frau ein eigenes Gewerbe, um dadurch sich und die Kinder zu erhalten, so wird sie einem etwaigen Verbote des Mannes nicht Folge zu leisten brauchen. — Die vermögensrechtlichen Folgen eines solchen eigenen Geschäftsbetriebes der Frau ergeben sich aus den Vorschriften über das eheliche Güterrecht.[74]

Abweichend von den meisten anderen Rechten geht das B.G.B. von dem Grundsatze aus, daß die Ehefrau *weder als solche, noch Kraft des ehelichen Güterrechtes in der Geschäftsfähigkeit beschränkt* ist, daß sie sich also ohne Einwilligung des Ehemannes durch Rechtsgeschäfte verpflichten kann.

Insoweit aber, als die Frau nach § 1357 „*innerhalb ihres häuslichen Wirkungskreises*“ geschäftlich auftritt, kann die Absicht, *sich selbst* zu verpflichten, bei ihr nicht angenommen werden. Vielmehr ist im Bereiche ihrer sog. *Schlüsselgewalt* die Frau *gesetzliche Vertreterin* des Mannes, für seine Rechnung zu wirthschaften und ihn zu verpflichten befugt.[74a] Daher gelten Rechtsgeschäfte, die sie innerhalb des „häuslichen Wirkungskreises“ vornimmt, im Zweifel als *im Namen des Mannes* vorgenommen; im Gegensatze zu § 164, nach welchem im Allgemeinen der Wille, in fremdem Namen zu handeln nur dann berücksichtigt wird, wenn er erkennbar hervorgetreten ist. — Aber auch wenn die Frau innerhalb des bezeichneten Wirkungskreises im *eigenen Namen* handelt, mithin zunächst sich selbst verpflichtet, besorgt sie immerhin Geschäfte *des Mannes*, handelt also für *dessen Rechnung*.[74b]

Etwaige gegen diese Geschäftführung gerichtete Verbote oder Beschränkungen seitens des Mannes sind *dem Dritten gegenüber* nur

---

[74] Vergl. §§ 1367, 1405, 1411—1414, 1427, 1452, 1459, 1462, 1526, 1585.

[74a] [2] In Prot. IV S. 106—108 wurde als Analogie die gesetzlich fixirte Vertretungsbefugniß der Prokuristen und Handlungsbevollmächtigten angeführt. — Aber was innerhalb des „häuslichen Wirkungskreises“ der Frau liegt, läßt sich nicht ein für alle Mal bestimmen. Es hängt ab von der Lebensstellung der Ehegatten und von den an ihrem Wohnorte herrschenden Sitten. S. auch Unzner S. 85 (Anm. 2 zu § 1357).

[74b] [2] Daher kann der Mann von der Frau Rechenschaft (§§ 259, 666, 681) verlangen über die Verwendung der ihr zur Bestreitung der Haushaltungskosten gegebenen Vorschüsse — des sog. *Wirthschaftsgeldes*. Sie ist ersatzpflichtig, soweit sie es bei dieser Verwendung an der erforderlichen Sorgfalt (§ 1359) hat fehlen lassen. — Erhält die Frau keinen Vorschuß, so ist sie für Unterlassungen nicht verantwortlich. S. Unzner S. 86 (Anm. 3 zu § 1357).

wirksam, wenn sie ihm bekannt oder in das Güterrechtsregister eingetragen waren (§ 1435). Nach diesem Grundsatze würde also die Wirksamkeit der beliebten Zeitungsinserate zu beurtheilen sein, welche gewöhnlich in die elegante Form gekleidet werden:

„Ich warne Jedermann, meiner Frau zu borgen, indem ich für nichts aufkomme."

Hier konnte es indessen nicht genügen, analog den §§ 1353, 1354 zu bestimmen, daß die Frau dem Verbote, falls sie dasselbe als Rechtsmißbrauch erachtet, nicht Folge zu leisten braucht; wodurch der Mann zur Klage genöthigt sein würde. — Vielmehr hat — behufs möglichst schneller Beseitigung der eingetretenen Störung, — auf Antrag der Frau das Vormundschaftsgericht zu entscheiden, ob die Beschränkung resp. Entziehung aufzuheben sei oder nicht.

Im Entw. I, welcher diese Bestimmung nicht enthielt, war nach Mot. IV S. 119 davon ausgegangen, daß der Frau in dem in Rede stehenden Falle kein anderes Mittel zustehe, als auf Herstellung des ehelichen Lebens zu klagen. Dabei wurde anerkannt, daß der hierdurch gewährte Schutz ein sehr unvollkommener sei, da die Verurtheilung nach § 888 Abs. 2 der C.P.O. nicht vollstreckbar ist, also nur moralisch wirken soll. Nach der jetzigen Fassung des Gesetzes dürfte anzunehmen sein, daß der Prozeßweg im Bereiche des § 1357 ausgeschlossen ist, der Frau hier nur die Anrufung des Vormundschaftsgerichtes offen steht.[74c])

Abgesehen von den Bestimmungen über die Schlüsselgewalt der Frau enthält das B.G.B. keine allgemeine Regel, nach welcher ein Ehe-

---

[74c]) [²] In zweiter Lesung (Prot. IV S. 108) wurde ausgeführt, in der Regel werde das Vormundschaftsgericht besser als der Prozeßrichter in der Lage sein, der Frau zu ihrem Rechte zu verhelfen. Sei aber durch das Verhalten des Mannes die eheliche Gemeinschaft nicht nur gestört, sondern vollständig aufgehoben, so werde die Klage auf Herstellung des ehelichen Lebens auch ferner zulässig und ebensowenig der Frau benommen sein, die Entziehung der Schlüsselgewalt im Prozesse als Einrede des Rechtsmißbrauches geltend zu machen. — S. auch Engelmann S. 77 (Anm. 3) und Unzner S. 87 (Anm. 5 zu § 1357). — Wird — bemerkt Letzterer, — auf Klage der Frau der Mann verurtheilt, ihr die Schlüsselgewalt ungeschmälert zu belassen, so ist die im Güterrechtsregister eingetragene Entziehung oder Beschränkung der Schlüsselgewalt auf Grund des Urtheiles zu löschen. Dadurch wird indessen erneute Eintragung nicht ausgeschlossen. — Noch weniger ist dieses der Fall, wenn nach Aufhebung der Schlüsselgewalt-Entziehung durch das Vormundschaftsgericht der Mann dieselbe wiederholt. So kann ein „ewiger Zirkel" entstehen. — Wegen des Verfahrens s. §§ 45, 53 Fr.G. und Beschwerderecht §§ 20, 22, 60b ebenda.

gatte berechtigt und verpflichtet wäre, für den anderen Ehegatten dessen Geschäfte zu besorgen und ihn zu vertreten, sei es überhaupt, sei es im Falle der Behinderung durch Krankheit oder Abwesenheit.[75]) Es ist davon ausgegangen, daß die Anerkennung einer solchen gesetzlichen Vertretungsbefugniß für den behinderten Ehegatten gefährlich und in vielen Fällen mehr Schaden als Nutzen bringend sein würde, um so mehr, als die Voraussetzungen für Dritte schwer erkennbar sind. (Mot. IV S. 121.)

Im Uebrigen greifen die Vorschriften des ehelichen Güterrechtes ein, betr. die Rechte des Mannes am Eingebrachten, §§ 1376 ff., 1525, bezw. am Gesammtgute §§ 1443 ff., 1519. — Hier ist auch in §§ 1401, 1450 Vorsorge getroffen, daß die Frau über ihr Ehegut ohne Einwilligung des Mannes verfügen bezw. bei der Gütergemeinschaft ihn hinsichtlich der auf das Gesammtgut bezüglichen Rechtsgeschäfte und Rechtsstreitigkeiten vertreten kann, wenn der Mann durch Abwesenheit oder Krankheit verhindert und Gefahr im Verzuge ist.

Für den Fall, daß die Frau sich einem Dritten gegenüber zu einer von ihr in Person zu bewirkenden Leistung verpflichtet hätte, ist dem Manne ein Kündigungsrecht[76]) gegeben, hinsichtlich dessen in der Vorlage bestimmt war:

1. daß eine Kündigungsfrist nicht eingehalten zu werden brauche;
2. daß das Kündigungsrecht dem Manne zustehe, wenn er der Verpflichtung nicht zugestimmt hat, seine Zustimmung auch durch das Vormundschaftsgericht nicht ersetzt worden ist;
3. daß es, so lange die häusliche Gemeinschaft aufgehoben, ausgeschlossen ist.

Dies ist durch Beschluß des Reichstages dahin abgeändert,[77]) daß der Mann, um kündigen zu können, der Ermächtigung des Vormundschaftsgerichtes bedarf, welche zu ertheilen ist, wenn die

---

[75]) Vergl. A.L.R. II 1. §§ 202—204, 326—328, nach welchen die Ehefrau in gewissem Umfange das Recht hat, den Ehemann in dessen Vermögensangelegenheiten zu vertreten.

[76]) Im Entw. I (§ 1277) war dies Kündigungsrecht als ein Anfechtungsrecht bezeichnet, welches aber — abweichend von den allgemeinen Grundsätzen (§ 142), — nur bewirken sollte, daß das Rechtsverhältniß für die Zukunft aufgehoben wird und statt der rückständigen, von der Frau zu bewirkenden Leistungen, nur Schadenersatz gefordert werden kann. Vergl. Mot. IV S. 111 f.

[77]) Hierzu s. Mot IV S. 110 ff. Reatz, II Lesung II. S. 29, Prot. IV S. 101 bis 105. Kommissionsbericht Nr. 440 b S. 97 ff., 101, Zusammenstellung S. 33 f.

betreffende Thätigkeit der Frau das eheliche Interesse beeinträchtigt.

Die Zustimmung des Mannes, durch welche das Kündigungsrecht ausgeschlossen wird, kann von dem Vormundschaftsgerichte übrigens nur dann ersetzt werden, wenn der Mann an der Abgabe der Erklärung verhindert und Gefahr im Verzuge ist oder wenn sich die Weigerung als Rechtsmißbrauch darstellt.

Als entscheidendes Moment ist in dem § 1358 zu betrachten, daß es sich um eine von der Frau in Person zu bewirkende Leistung handelt,[78]) was nicht nur bei Dienst-, Arbeits- und Engagementsverträgen, sondern auch bei Aufträgen, Werkverträgen, Gesellschaftsverträgen u. dergl. der Fall sein kann.

Schließlich hat nach § 1359 in Erfüllung der ehelichen Verpflichtungen jeder Ehegatte dieselbe Sorgfalt, wie in den eigenen Angelegenheiten anzuwenden (§§ 277, 708).[78a])

Die bisher erörterten Bestimmungen laufen darauf hinaus, daß zwar die Frau dem Manne nicht gleichberechtigt wie ein Gesellschafter dem anderen gegenübersteht, vielmehr ihm Folge zu leisten verpflichtet ist, daß sie aber andererseits doch gegen Mißbrauch seines Verfügungsrechtes geschützt sein soll.

---

[78]) Entsprechend dem im A.L.R. II 1, § 196 ausgesprochenen Prinzip: Ohne des Mannes Einwilligung kann die Frau keine Verbindung eingehen, wodurch die Rechte auf ihre Person gekränkt werden. — [2] In Prot. IV S. 103 heißt es, der Entw. gehe über diese Vorschrift insoweit hinaus, als er dem Manne das Anfechtungsrecht gebe ohne Unterschied, ob im Einzelfalle die Erfüllung der rechtsgeschäftlichen Verpflichtung mit den ehelichen Pflichten der Frau unvereinbar sei oder nicht. Die Entscheidung darüber müsse lediglich dem Manne überlassen bleiben, er solle nicht genöthigt werden, sich in einen Streit darüber mit dem Dritten einzulassen. — Diese Auffassung, welcher Unzner S. 89 (Anm. 2b zu § 1358) zuzustimmen scheint, läßt sich nicht aufrecht erhalten. Denn nach § 1358 Abs. 1 ist dem Manne die Ermächtigung zur Kündigung nur dann zu ertheilen, wenn die ehelichen Interessen durch die Vertragserfüllung seitens der Frau thatsächlich beeinträchtigt werden, was häufig nicht der Fall sein wird; namentlich dann nicht, wenn die Frau durch ihre persönliche Thätigkeit die Familie erhält, für deren Unterhalt der Mann nicht oder nicht genügend sorgen kann oder will.

[78a]) [2] Eine wichtige Ausnahme macht § 1456 insofern, als bei der allgemeinen Gütergemeinschaft der Mann der Frau nicht verantwortlich ist für die Verwaltung des Gesammtgutes.

Der Schwerpunkt liegt also in der Beantwortung der Frage: **Was ist in diesem Verhältnisse als Mißbrauch zu erachten?**[78b)]

Zunächst beschränkt sich

I. Das Entscheidungsrecht des Mannes auf diejenigen Angelegenheiten, welche das gemeinschaftliche eheliche Leben betreffen. Mithin hat die Frau so gut wie der Mann volle Freiheit in Besorgung ihrer **persönlichen Angelegenheiten** (§§ 1402, 1451), unbeschadet der für das Familienleben zu leistenden Beiträge und zu entfaltenden Thätigkeit; also namentlich:
   1. in einer etwaigen Berufsthätigkeit und der Sorge für Erhaltung und Erwerb eines Sondervermögens;
   2. in der Theilnahme am öffentlichen Leben, namentlich an ethischen, wissenschaftlichen und sozialen Bestrebungen;
   3. in der Sorge für die Erhaltung der eigenen Person, einschließlich der erforderlichen Pflege, Erholung und vernunftmäßigen Lebensgenusses.

   Wird durch Entscheidungen des Mannes in dieses persönliche Freiheitsgebiet der Frau ohne Noth eingegriffen, so liegt Mißbrauch vor.

II. Der Mann ist nach § 1353, so gut wie die Frau, zur ehelichen **Lebensgemeinschaft** verpflichtet, d. h. er ist verpflichtet, Alles zur Herstellung und Erhaltung derselben Dienliche zu thun, Alles, was dieselbe stören oder beinträchtigen könnte, zu unterlassen.

   Ist also in einer das Familienleben betreffenden Angelegenheit eine Entscheidung erforderlich, so müssen **beide** Eheleute zunächst bestrebt sein, Einmüthigkeit unter einander durch gegenseitige Verständigung herzustellen, wobei Jeder — soweit Vernunft und Gewissen es erlauben — den Wünschen des anderen entgegenzukommen hat. — **Erst wenn auf diesem Wege kein Einverständniß herzustellen ist, erscheint die einseitige Entscheidung des Mannes als berechtigt.** — Andernfalls würde sie als Mißbrauch zu erachten sein.

Die Anhänger der modernen Frauenbewegung haben nun, von der Forderung der **Gleichberechtigung** ausgehend, Widerspruch dagegen

78b) S. hierzu die beachtenswerthen Ausführungen von **Bulling**, Die deutsche Frau und das B.G.B., 2. Aufl., Berlin 1896, S. 46 ff.

erhoben, daß in den häuslichen Angelegenheiten, namentlich auch hinsichtlich der Ausübung der elterlichen Gewalt, der Mann die entscheidende Stimme haben, die Frau ihm gehorchen soll.

Der Mann habe schon ohnehin in der Regel ein Uebergewicht durch Amt, Vermögen, gewinnbringenden Beruf, dadurch, daß die Frau ihre gesellschaftliche Stellung und ihren Unterhalt ihm verdankt, — wogegen ihre eigenen Leistungen im Hauswesen (freilich zu Unrecht) geringer angeschlagen werden. Da sei es ungerecht, daß auch noch der Gesetzgeber für den Mann Partei ergreift. Es sei das lediglich ein Ausfluß althergebrachter Herrschsucht, gestützt auf die ad hoc erfundene Theorie, daß die Frauen, — merkwürdigerweise nur so lange sie verheirathet sind, — besonders schwach an Charakter und Intelligenz und unerfahren in Geschäften seien, was in Wirklichkeit keineswegs der Fall sei.

Allein ganz so liegt die Sache doch nicht. — Die Ehe unterscheidet sich von der gewöhnlichen societas und communio dadurch, daß sie nicht gekündigt werden kann. Was soll also geschehen, wenn kein Einverständniß zu erzielen ist? Diese Frage lassen die Frauenrechtler unbeantwortet. — Das Loos kann nicht füglich entscheiden. Auch kann der Gesetzgeber nicht schweigen; er kann auch nicht sagen: Seht, wie Ihr mit einander fertig werdet! Die Sache geht mich nichts an! — So lange also kein besserer Vorschlag gemacht wird, erscheint die Normirung des B.G.B. nicht ungerechtfertigt.[79])

Besondere Bestimmungen über Schenkungen unter den Ehegatten und über Intercessionen der Frau sind nicht für erforderlich erachtet.

---

[79]) S. hierzu oben Anm. 4. [2] Unzner S. 83 (Anm. 1 zu § 1354) bemerkt mit Recht, das Verhältniß dürfe nicht so aufgefaßt werden, daß der Mann zu befehlen, die Frau zu gehorchen hat. Beide sind gleichberechtigt und gleichmäßig verpflichtet, zu einer dem Wesen der Ehe entsprechenden Gestaltung des gemeinschaftlichen Lebens mitzuwirken. Nur weil bei einer aus zwei Personen bestehenden Gemeinschaft nicht die Mehrheit entscheiden kann, ist die Entscheidung in die Hand Eines Ehegatten gelegt (s. oben Anm. 5). — Auf der Basis der Gleichberechtigung wäre etwa die Bestimmung denkbar, daß derjenige Ehegatte, welcher in die Funktionen des anderen eingreifen oder eine Abänderung des bisherigen Zustandes herbeiführen will, seinerseits die Entscheidung des Vormundschaftsrichters anzurufen hat. Seine Entscheidung für die Ansicht des einen Ehegatten ersetzt dann den Majoritätsbeschluß. — In der Regel werden freilich die Ehegatten, namentlich die Frauen, jeder Einmischung einer Behörde in die Familienangelegenheiten entschieden abgeneigt sein. Es handelt sich aber eben um einen Nothbehelf.

Das gemeinrechtliche Verbot der Schenkungen unter Ehegatten ist also beseitigt.[79a])

Die Aufrechterhaltung desselben kann auch, wie die Mot. IV S. 114 mit Recht ausführen, nicht dadurch gerechtfertigt werden, daß solche Schenkungen mit der rechten ehelichen Gesinnung unvereinbar seien. Denn die Geschichte lehrt und das B.G.B. erkennt an, daß die rechte eheliche Gesinnung nicht nothwendig zu allgemeiner Gütergemeinschaft zu führen braucht.

Die Römische Gerichtspraxis hatte die Schenkungen unter Ehegatten trotz der römischrechtlichen Gütertrennung für nichtig erklärt aus einem Grunde, welcher im modernen Rechte längst fortgefallen, in den Motiven aber merkwürdiger Weise nicht erwähnt ist, — nämlich weil man durch die damals geltende freie Privatscheidung genöthigt war, solche Schenkungen zur Vermeidung skandalöser Mißbräuche als nichtig zu behandeln.

Was die Intercessionen der Frauen betrifft, so bedurfte die Nichtaufnahme besonderer Bestimmungen darüber kaum noch einer Rechtfertigung. Denn nachdem schon im gemeinen Rechte an Stelle des Verbots ein formeller und formularmäßiger Verzicht auf die Rechtswohlthat getreten, waren die bezüglichen Bestimmungen durch die neuere Gesetzgebung fast überall beseitigt.

In Preußen waren freilich durch das Gesetz vom 1. Dezember 1869 die besonderen Bestimmungen des A.L.R. II 1 §§ 198—201 nicht aufgehoben, nach welchen die Ehefrau dem Manne nur zu gerichtlichem Protokolle unter Zuziehung eines Beistandes verbindlich gemacht werden kann. Aber auch derartige Bestimmungen sind in das B.G.B. nicht aufgenommen, weil nach demselben die Ehefrau als solche in der Geschäftsfähigkeit nicht beschränkt ist. (Mot. IV S. 115 ff.)

In §§ 1360, 1361 ist die gegenseitige Unterhaltspflicht der Eheleute geordnet unter Hinweis auf die Bestimmungen über die Unterhaltspflicht der Verwandten. Von letzterer unterscheidet sich aber die Unterhaltspflicht des Mannes sehr wesentlich. Denn einmal ist sie, — weil auf der Pflicht, die ehelichen Lasten zu tragen, beruhend, —

[79a]) Das Sächs. B.G.B. § 1647 ff. schließt sich dem gemeinen Rechte an. Der Code civil art. 1096 erklärt solche Schenkungen für widerruflich. Nach Preuß. A.L.R. II. 1. § 310 f. und Oesterr. B.G.B. § 1246 unterliegen Schenkungen unter Ehegatten den allgemeinen Grundsätzen über Schenkungen.

nicht durch Bedürftigkeit der Frau bedingt; sodann muß der Mann mit der Frau theilen, was er hat, darf nicht seinen standesgemäßen Unterhalt vorweg nehmen.

Leben die Ehegatten getrennt, so tritt auf so lange, als die Rückkehr mit Recht verweigert wird,[79b]) an Stelle der Naturalleistung eine Geldrente. Auch hat der Mann der Frau die zur Führung eines abgesonderten Haushalts erforderlichen Sachen, soweit sie ihm entbehrlich sind, herauszugeben.

Entspricht es aber der Billigkeit, so kann die Unterhaltspflicht des Mannes sich auf einen Beitrag beschränken oder auch ganz wegfallen. — Die Unterhaltspflicht der Frau ist subsidiär, d. h. sie tritt überhaupt nur ein, wenn der Mann außer Stande ist, sich selbst zu unterhalten.[79c])

Nach den Mot. IV S. 124 f. ist übrigens davon ausgegangen, daß die Unterhaltspflicht des Mannes keine Beschränkung dadurch erleidet, daß die Frau sich in Untersuchungs- oder Strafhaft befindet, andererseits aber diese Pflicht sich nicht erstreckt auf Prozeßkosten und auf Kosten der Vertheidigung der Frau in einem gegen sie gerichteten Strafverfahren.

Den Schluß dieses Titels macht in § 1362 eine Bestimmung, durch welche im Anschlusse an die Römische praesumtio Muciana einiger Schutz gewährt werden soll gegen Nachtheile, welche die während der Ehe mehr oder weniger eintretende thatsächliche Vermischung des beiderseitigen Vermögens der Ehegatten im Gefolge haben könnte.

In der Vorlage (§ 1345) lautete die Bestimmung allgemein dahin: es werde vermuthet, daß die im Besitze eines Ehegatten oder beider Ehegatten befindlichen beweglichen Sachen (auch Inhaberpapiere und in blanco indossirte Ordrepapiere) dem Manne gehören. Diese Vermuthung solle jedoch nicht gelten für ausschließlich zum persönlichen Gebrauche der Frau bestimmte Sachen.

[79b]) [2] Es ist hierbei namentlich an den Fall zu denken, daß der getrennt lebende Ehegatte berechtigt ist, auf Scheidung zu klagen und deshalb nach § 1353 die Herstellung der ehelichen Gemeinschaft verweigern darf. Dann kann er nach § 1361 unbeschadet seines Unterhaltsanspruches von Anstellung der Scheidungsklage Abstand nehmen.

[79c]) [2] S. hierzu Unzner S. 90 ff., Engelmann S. 80 ff. — Auch die Frau muß, falls ihre Unterhaltspflicht eintritt, mit dem Manne Alles theilen, was sie besitzt, nöthigenfalls auch ihr Stammvermögen angreifen. — Dafür, was zum Unterhalte gehört, ist maßgebend die Lebensstellung des Mannes, das Vermögen und die Erwerbsfähigkeit der Ehegatten.

Die Vermuthung sollte also gelten sowohl zu Gunsten der Gläubiger des Mannes als auch im Verhältniß der Ehegatten unter einander. Letzteres war in der Denkschrift S. 184 namentlich dann für unabweisbar erklärt, wenn die Frau sich unter Mitnahme von Sachen aus der Ehewohnung entfernt oder wenn sie in besonderen Räumen ein Erwerbsgeschäft selbstständig betreibt, bezw. wenn sie in ihren Besitz gelangte Nachlaßsachen nach erfolgter Wiederverheirathung als ihr gehörig in Anspruch nimmt.

Die Reichstagskommission erklärte dagegen die aufgestellte Vermuthung im Verhältniß der Eheleute zu einander für ungerechtfertigt, namentlich in Bezug auf Werthpapiere oder auf andere Sachen, welche sich im Besitze der Frau befinden.[80])

Demgemäß hat der Reichstag die Vermuthung in § 1363 dahin beschränkt, daß sie nur gilt zu Gunsten der Gläubiger des Mannes, dagegen andererseits vermuthet wird, daß die zum persönlichen Gebrauche der Frau bestimmten Sachen — dieselben, welche nach § 1366 ihr gesetzliches Vorbehaltsgut sind, — der Frau gehören; — und zwar gilt diese letztere Vermuthung sowohl im Verhältniß der Ehegatten zu einander als zu den Gläubigern.

Die zu Gunsten der Gläubiger des Mannes aufgestellte Vermuthung beschränkt sich auf bewegliche Sachen, Inhaber- und Blankopapiere. Sie bezieht sich nicht auf Forderungen, Namens- und Ordrepapiere ohne Blankogiro, weil hier die Person des Berechtigten ersichtlich ist. — Bei Rechten an Grundstücken wird jene Vermuthung durchbrochen durch die Rechtsvermuthung zu Gunsten des Eingetragenen (§ 891), beim Vorbehaltsgute durch die Eintragung in das Güterrechtsregister (§§ 1431, 1435).

Abgesehen hiervon erscheint in Folge der im § 1362 Abs. 1 aufgestellten Vermuthung das ganze im Besitze des Mannes oder der Frau, — auch wenn letztere vom Manne getrennt lebt, — befindliche Vermögen als Eigenthum des Mannes, so daß, wenn die Vermuthung nicht widerlegt wird, die Frau thatsächlich für die Schulden des Mannes aufkommen muß.[80a])

---

[80]) Vergl. Kommissionsbericht Nr. 440 b S. 104 ff., Zusammenstellung S. 34.

[80a]) [2] S. hierzu Unzner S. 94 f. (Anm. 1 zu § 1362) und Schroeder, Das eheliche Güterrecht nach dem B.G.B., 2. Aufl. (1899) S. 18. In der 1. Aufl. (1896) hatte Schroeder S. 13 Anm. 2 bemerkt: Die in der Reichstags-Kommission beantragte völlige Streichung des § 1362 Abs. 1 wäre richtiger gewesen, denn die zu Gunsten

Uebrigens ist von der Eigenthumsfrage wohl zu unterscheiden die prozessualische Frage: inwiefern gemäß §§ 808, 809 C.P.O. auf Grund eines nur gegen den Ehemann vollstreckbaren Titels in der Ehewohnung Mobiliarvollstreckung überhaupt stattfinden darf.

Sie setzt voraus, daß sich die zu pfändenden Sachen im ausschließlichen Gewahrsam des Schuldners (Ehemannes) befinden. Hinsichtlich der in der Ehewohnung befindlichen beweglichen Sachen ist dies anscheinend nicht der Fall, da die Ehewohnung eine für beide Eheleute gemeinschaftliche ist.[80 b]) Der mit der Zwangsvollstreckung gegen Einen der beiden Ehegatten beauftragte Gerichtsvollzieher müßte sich also von dem anderen Ehegatten aus der gemeinschaftlichen Ehewohnung hinausweisen lassen; oder er müßte doch von jeder Pfändung in derselben Abstand nehmen, falls nicht der andere Ehegatte als Mitbesitzer in die Pfändung willigt bezw. sich zur Herausgabe gemäß § 809 C.P.O. bereit erklärt.

Die gemeinrechtliche Praxis vermeidet dies unbefriedigende Ergebniß durch die Annahme, daß sich in der ausschließlichen Gewahrsam des Haushaltungsvorstandes befinden alle in der Wohnung, dem Stalle, der Scheune, der Werkstätte, dem Comptoir befindliche Sachen, soweit sie nicht von Dienstboten oder Aftermiethern in den ihnen zugewiesenen oder abvermietheten Räumen untergebracht sind.[80 c])

Die Preußische Praxis nimmt an, daß der Ehemann die ausschließliche Gewahrsam des Eingebrachten hat, eine Mitgewahrsam der Ehefrau nicht dadurch begründet wird, daß sie Eigenthümerin oder Mietherin der gemeinschaftlichen Wohnung ist, bezw. dadurch, daß sie das Geschäft des Mannes führt.[80 d])

Die zu Gunsten der Gläubiger des Mannes in § 1362 Abs. 1 aufgestellte Eigenthumsvermuthung ist von wesentlicher praktischer Bedeutung auf dem Gebiete des ehelichen Güterrechtes, so oft es sich um die Frage handelt, was zum Vorbehalts- oder Sondergute der

---

der Gläubiger des Mannes aufgestellte Eigenthumsvermuthung enthält eine durchaus unberechtigte Zurücksetzung der Gläubiger der Frau. — In der 2. Aufl. ist diese Bemerkung weggeblieben.

80 b) [2] S. d. Beschl. des O.Ld.G. zu Jena v. 1882. Seuff., Arch. 40 Nr. 79. Ferner U. d. R.G. v. 9. Oktober 1885, Seuff., Arch. 41 Nr. 261; U. d. R.G. v. 11. Dezember 1889, Seuff., Arch. 46 Nr. 76.

80 c) [2] S. Falkmann in der Zeitschr. f. Gerichtsvollzieher 3 S. 176 ff., 182 ff., L. Seuffert, Civilprozeßordnung (7. Aufl. 1895) S. 909, Anm. 1 zu § 712.

80 d) [2] S. A. Foerster Civilprozeßordnung (1888) II S. 471.

Frau gehört, an welches die Gläubiger des Mannes sich nicht halten können;[81]) bezw. was nicht zum Gesammtgute gehört, an welches sie sich halten können.[82])

Bekanntlich ist ein über die in Rede stehende Präsumtion weit hinaus gehender Schutz gegenüber der Ehefrau den Gläubigern des Mannes für den Fall des Konkurses gewährt, theils durch das Anfechtungsrecht aus §§ 31, 32 R.K.O., theils durch den § 45 R.K.O., nach welchem die Frau von ihr während der Ehe erworbene, nach bürgerlichem Rechte ihr gehörige Gegenstände trotzdem überhaupt nicht in Anspruch nehmen kann, wenn sie nicht die ihr entgegenstehende Vermuthung widerlegt, daß diese Gegenstände mit den Mitteln des Mannes erworben seien.

Es ist in Frage gekommen, ob nicht dieser erweiterte Schutz des § 45 R.K.O. den Gläubigern auch außerhalb des Konkurses zu gewähren sei, um namentlich Verkürzung der Gläubiger in den häufigen Fällen zu vermeiden, in denen wegen Geringfügigkeit der Masse kein Konkurs eröffnet wird. Es ist aber diese Ausdehnung nicht für gerechtfertigt erachtet worden. (Mot. IV S. 129.)

Nach Art. 14 des Einf.Ges. werden die persönlichen Rechtsbeziehungen deutscher Ehegatten zu einander auch dann nach deutschen Gesetzen beurtheilt, wenn die Ehegatten ihren Wohnsitz im Auslande haben. Ebenso, wenn der Mann die Reichsangehörigkeit verloren, die Frau sie aber behalten hat.

Hier ist also — abweichend von Art. 13, 15 und 17 des Einf.Ges. — grundsätzlich maßgebend das gemeinschaftliche Personalstatut beider Eheleute zur Zeit der Beurtheilung, nicht zur Zeit des Eheschlusses. Auch nicht das Personalstatut des Ehemannes allein. Es äußert sich hierin die durch das B.G.B. erfolgte Abschwächung der ehemännlichen Gewalt.

Ob die Ehegatten Deutsche sind, beurtheilt sich nach dem Bundesgesetze vom 1. Juni 1870 über den Erwerb und Verlust der Staatsangehörigkeit in der Fassung des Art. 41 des Einf.Ges.

---

[81]) Vergl. §§ 1439—1441, §§ 1520—1526, §§ 1549—1555.

[82]) Vergl. §§ 1458, 1459, §§ 1530—1533, §§ 1549, 1550 und Unzner S. 94 f.

In Abs. 2 des Art. 14 entscheidet ausnahmsweise das Personalstatut der Frau allein.[82a])

Für die Uebergangszeit schreibt Art. 199 des Einf.Ges. vor:

„Die persönlichen Rechtsbeziehungen der Ehegatten zu einander, insbesondere die gegenseitige Unterhaltspflicht, bestimmen sich auch für die zur Zeit des Inkrafttretens des B.G.B. bestehenden Ehen nach dessen Vorschriften."

Das neue Recht greift mithin sofort ein in alle zur Zeit seines Inkrafttretens bestehenden Ehen hinsichtlich der hausherrlichen Gewalt des Mannes, der Schlüsselgewalt und Vertretungsbefugniß der Frau und der sonstigen persönlichen Beziehungen. — Mit dem Inkrafttreten des neuen Rechtes tritt also auch außer Kraft ein Vertrag, in dem der Ehemann auf das Recht verzichtet hätte, den Wohnort der Frau zu bestimmen (§ 1354).

Andererseits treten sofort in Kraft die Bestimmungen zum Schutze der Frau gegen Mißbrauch der ehemännlichen Gewalt (§§ 1353 Abs. 2, 1354 Abs. 2, 1357 Abs. 2, 1358 Abs. 2).

Aus Art. 199 folgt ferner, daß die besonders hervorgehobene Unterhaltspflicht nicht etwa als Ausfluß des Güterstandes (Art. 200) anzusehen ist. — Soweit also die §§ 1360, 1361 gegenüber dem bisherigen Rechte die Unterhaltspflicht erweitern, treten diese Erweiterungen für die Zeit seit dem 1. Januar 1900 sofort in Kraft.

Ebenso ergiebt die Stellung des § 1362 im fünften Titel, daß die ohne Unterschied des Güterstandes geltenden dort aufgestellten Eigenthumsvermuthungen als Ausfluß nicht des Güterstandes, sondern der persönlichen Beziehungen der Eheleute — der hausherrlichen Gewalt — zu betrachten sind. Sie treten also für die bereits bestehenden Ehen mit dem 1. Januar 1900 ebenfalls in Kraft.[82b])

Der zwingende Charakter der Vorschriften des fünften Titels zeigt sich namentlich darin, daß selbst ein unter dem früheren Rechte ergangenes rechtskräftiges Urteil ihnen gegenüber mit dem 1. Januar 1900 seine Kraft verliert. — Wäre also z. B. auf Grund eines nach § 682 II 1 Preuß. A.L.R. gültigen Ehevertrages dahin erkannt worden, daß die Ehefrau nicht schuldig sei, ihrem Manne ins

---

[82a]) [²] Gegen die unhaltbare Ansicht von Niemeyer und Barazetti, daß die in §§ 1357—1362 normirten Verhältnisse nicht unter Art. 14, sondern unter Art. 15 Einf.Ges. fallen, s. Niedner S. 39 (Anm. 4 zu Art. 14).

[82b]) [²] S. Habicht S. 384 f. — Niedner S. 312 f.

Ausland, wohin er seinen Wohnsitz verlegt hat, zu folgen — so würde der Ehemann trotzdem unter dem neuen Rechte die Folgepflicht geltend machen können. Der Frau würde gegenüber der Klage nur der Mißbrauchseinwand aus § 1354 Abs. 2 zustehen, nicht etwa der Einwand der rechtskräftig entschiedenen Sache.

Wäre umgekehrt ein Ehegatte unter dem früheren Rechte zur Herstellung der ehelichen Gemeinschaft verurtheilt, so würde er gleichwohl unter dem neuen Rechte die Herstellung derselben nach § 1353 Abs. 2 zu verweigern befugt sein wegen Mißbrauches oder Vorliegens eines Ehescheidungsgrundes.[82c])

Schenkungen unter Eheleuten und Intercessionen der Frau für den Mann können, weil sie unter Art. 199 Einf.Ges. fallen, vom Inkrafttreten des B.G.B. ab gültig vorgenommen werden in den schon von früher her bestehenden Ehen, — natürlich unter Beobachtung der Formvorschriften §§ 518, 766, 780 f. B.G.B.[82d])

Tit. VII. Scheidung der Ehe.

I. Scheidung ist der technische Ausdruck für diejenige Auflösung der an sich gültigen Ehe für die Zukunft,[82e]) welche durch richterliches Urtheil erfolgt; im Gegensatze einerseits zu der Auflösung durch den Tod, andrerseits zu der bloßen Trennung von Tisch und Bett.[83]) Außerdem hat der Satz des § 1547: „die Scheidung erfolgt

---

[82c]) [2] S. Habicht S. 386.

[82d]) [2] S. Habicht S. 388.

[82e]) [2] „Für die Zukunft", im Gegensatze zu der im Wege der Anfechtungsklage herbeigeführten Nichtigkeit von Anfang an (§ 1343). Die Schwägerschaft dauert fort auch nach Scheidung der sie begründenden Ehe. § 1590 Abs. 2.

[83]) Dies Institut kommt in sehr verschiedenen Gestaltungen vor, nämlich: A. als beständige Trennung (Mot. IV S. 562 f.), d. h. vollständige Aufhebung der Lebensgemeinschaft, bei welcher die Ehe nur pro forma — behufs Verhinderung der Wiederverheirathung — aufrecht erhalten wird; — B. als zeitweilige Trennung (Mot. IV S. 578 ff.) und zwar a) wo zwar kein zur Scheidung ausreichender Grund vorliegt, aber das Zusammenleben unerträglich ist; [theils so, daß nach Ablauf der Trennungszeit der Rechtsanspruch auf eheliches Zusammenleben wieder in Kraft tritt, theils so, daß — falls keine Versöhnung stattgefunden, — nunmehr Scheidung verlangt werden kann. S. z. B. Württemb. Ges. v. 8. Aug. 1875, Art. 8]. b) Wo ein Scheidungsgrund vorliegt, als Befugniß des Klägers unbeschadet des Rechtes auf Scheidung vorerst bloße Trennung zu verlangen. S. z. B. Sächs. B.G.B. § 1752. Endlich c) als Befugniß bezw. Verpflichtung des Richters, die Ver-

durch Urtheil" noch die besondere Bedeutung, daß das in vielen gemeinrechtlichen Gebieten bisher bestehende landesherrliche Ehescheidungsrecht[84]) in Wegfall kommt.

Es ist davon ausgegangen, daß die Scheidung anders, als im Wege der ordentlichen Rechtspflege überhaupt nicht zugelassen werden dürfe, da es Aufgabe des B.G.B. sei, das Ehescheidungsrecht in einer den Bedürfnissen des Lebens entsprechenden Weise erschöpfend zu regeln (s. Mot. IV S. 578).

Die geschichtliche Entwickelung des Ehescheidungsrechtes bringt es indessen mit sich, daß auf diesem Gebiete religiöse und kirchlich dogmatische Vorstellungen und Tendenzen der Durchführung der Grundsätze der bürgerlichen Gesetzgebung schwer zu überwindende Hindernisse entgegenstellen. Dies mußte sich auch bei der Abfassung des B.G.B. bemerkbar machen. Solche Tendenzen knüpfen sich namentlich an das Bibelwort: „Was Gott zusammengefügt hat, das soll der Mensch nicht scheiden",[85]) und an die katholische Lehre von der Sakramentsnatur der Ehe,[86]) welche allerdings nur praktisch wird als Verbot der Wiederver-

kündigung des Urtheils auf bestimmte Zeit auszusetzen und den Ehegatten thatsächliche Trennung während dieser Zeit zu gestatten. S. § 580 C.P.O.; Art. 259, 260 Code civil.

[84]) Dasselbe bildete bisher eine wesentliche Ergänzung des Ehescheidungsrechtes, namentlich in den Gebieten, in welchen der Scheidung ex consensu und wegen Geisteskrankheit eine feste Gerichtspraxis nicht zur Seite stand. Vergl. Stoelzel, Ueber das landesherrliche Ehescheidungsrecht (1890) S. 46 ff. — Es ist namentlich anerkannt in folgenden gemeinrechtlichen Gebieten des preußischen Staates: Neuvorpommern, Hannover, Kurhessen, Nassau, Frankfurt a. M., Schleswig-Holstein. Ferner im Großherzogthum Hessen, in beiden Mecklenburg, in Oldenburg, Braunschweig, Weimar, Koburg-Gotha, Meiningen, Schwarzburg-Sondershausen, Reuß ält. und jüng. Linie, in Anhalt-Dessau und Cöthen. Mot. IV S. 565, 578. — Ueber einen von Hubrich, Das Recht der Ehescheidung in Deutschland (1891) gemachten Vorschlag, das landesherrliche Scheidungsrecht nicht nur beizubehalten, sondern noch auszudehnen, s. unten Anm. 88.

[85]) Dieser aus dem Evangelium Marci X V. 9 in die Trauformel aufgenommene Satz bezog sich seinem ursprünglichen Sinne nach auf die dem göttlichen Eheeinsetzungsakte gegenüber zu mißbilligende willkürliche Privatscheidung, „aus Zorn". S. m. Gutachten in den Verhandl. d. XX. Juristentages II S. 118 Anm. 16, S. 123 Anm. 25. Seit Beseitigung der Privatscheidung hat sie ihre Bedeutung verloren. Denn nicht der Mensch (Willkür des Mannes) scheidet jetzt, sondern der Staat, welcher als selbstständige göttliche Ordnung die Gründe nur seinen eigenen Existenzbedingungen, Zwecken und Aufgaben entnehmen kann.

[86]) Diese Lehre diente der katholischen Kirche im Mittelalter als Titel, um die Gesetzgebung und Gerichtsbarkeit in Ehesachen für sich ausschließlich in Anspruch zu

heirathung, da sich der positive Inhalt der Ehe, die Lebensgemeinschaft, doch einmal nicht erzwingen läßt.

Man hat nun zwar neuerdings nachgerade eingesehen, daß religiöse Postulate und Kirchenlehren für den Staat in seiner Funktion als bürgerlicher Gesetzgeber nicht maßgebend sein können.[87])

Aber die Vorstellung, daß die Ehescheidung etwas Verwerfliches sei, ist geblieben; man sucht sie auf Grund neu ausgesonnener Theorieen nach Möglichkeit zu beschränken.

Die eine dieser Theorieen geht dahin, daß der Staat Niemanden zwinge zu heirathen; wer aber freiwillig heirathe, habe sich die Folgen selbst zuzuschreiben. Einen Anspruch auf Scheidung gebe es nicht, sie erfolge nur aus Gnade, ähnlich der Begnadigung eines Verbrechers.[88])

---

nehmen. Nach den allgemeinen Grundsätzen könnte der sakramentale Charakter (materia, minister, forma) nicht der den Eheschluß enthaltenden Konsenserklärung beiwohnen, sondern nur der dieselbe begleitenden priesterlichen Einsegnung (benedictio sacerdotalis). Friedberg, Lehrb. des Kirchenrechts (4. Aufl. 1895) S. 358 f. Uebrigens stimmt die Lehre auch schlecht zu dem noch jetzt zwangsweise aufrechterhaltenen Cölibat der Geistlichkeit.

[87]) Es erscheint angebracht zu betonen, daß — im Gegensatze zur Kirche, — der weltliche Gesetzgeber keinen anderen Endzweck seiner Thätigkeit kennen darf, als das irdische Wohlergehen der Staatsangehörigen. Läßt er sich von anderen Beweggründen leiten, so verkennt er seine Aufgabe und belastet sich mit schwerer Verantwortung. Er kann weder die Gesellschaft noch die Einzelnen, wenn sie unter einer verkehrten Gesetzgebung leiden, auf Kompensationen im Jenseits vertrösten. Er kann sich auch nicht mit überirdischen Eingebungen oder damit entschuldigen, daß möglicherweise Kummer und Noth in diesem Jammerthale der Erziehung einer Menschenseele für die Ewigkeit förderlich sei.

[88]) S. O. Mayer, Gutachten in den Verhandl. des XX. Juristentages II S. 99, 102 f., 105, 108 f. Derselbe führt auch aus, unglückliche Ehen müßten, wie die nothwendigen Staatslasten, tapfer ertragen werden. — Das durch Verkümmerung des Ehescheidungsrechtes herbeigeführte Elend ist aber kein nothwendiges, der Allgemeinheit zu bringendes Opfer, wie Kriegslasten und Steuern, sondern freiwillig herbeigeführte Vermehrung menschlichen Unglücks, an welchem auf Erden ohnehin kein Mangel ist. Vergl. oben Anm. 87. — Den Vorschlag, die Ehescheidung als Gnadensache zu behandeln, macht allen Ernstes Hubrich in seiner Schrift: Das Recht der Ehescheidung in Deutschland, Berlin 1891. Um nämlich das Verschuldungsprinzip (s. unten S. 89 f.) wenigstens scheinbar aufrecht zu erhalten, theilt er die Scheidungsgründe in normale und anormale. Die ordentlichen Fälle werden vom Verschuldungsprinzip beherrscht und gehören zur Zuständigkeit der Gerichte; die außerordentlichen Fälle, d. h. diejenigen, in denen die Ehe ohne Verschulden des einen Theils zerrüttet ist, fallen als Gnadensache unter

Die andere, auch in den Mot. IV S. 563 vorgetragene Theorie ist die, daß der Staat ein dringendes Interesse habe, die Ehescheidung zu erschweren,[89]) um so darauf hinzuwirken, daß die Ehen so sind, wie sie sein sollen. Auch werde durch die Erschwerung der Scheidung der Eingehung leichtsinniger Ehen entgegengetreten.

Beide Theorieen stehen auf recht schwachen Füßen.

Zunächst ist es unbestreitbar, daß es einen Rechtsanspruch auf Scheidung giebt. Denn die Eingehung der Ehe als einer solchen, welche ohne staatliche Mitwirkung nicht aufgelöst werden kann, beruht nicht auf freiem Willen, sondern auf Zwangsgesetzen. Durch Beseitigung der Selbstscheidung und Einführung des Prinzipes, daß die Ehe nur aus rechtlich anerkannten Gründen und nur durch Urtheil und Recht aufgelöst werden kann, übernimmt der Staat die Verpflichtung, für die ausgeschlossene Selbsthülfe Ersatz, und zwar ausreichenden Ersatz zu gewähren. Davon, daß die sachlich gerechtfertigte bürgerliche Scheidung bloß aus Gnaden erfolge, kann also nicht die Rede sein.

Gerechtfertigt aber ist die Scheidung allemal dann, wenn sich die Herstellung oder Fortführung der ehelichen Lebensgemeinschaft als unmöglich, der Zweck der Ehe als dauernd vereitelt herausgestellt hat.[90])

Dabei kommt eine wichtige, auch in den Mot. IV S. 563 berührte Eigenthümlichkeit des ehelichen Rechtsverhältnisses in Betracht, daß nämlich bei Vereitelung des Ehezweckes, sei es durch Unmöglichkeit der Erfüllung, sei es durch Pflichtverletzung, der Rechtsschutz dem Verletzten nur durch Scheidung gewährt werden kann; während bei anderen Rechtsverhältnissen in solchem Falle in erster Linie Ansprüche auf Schadenersatz oder auf das Geldinteresse gegeben werden, an deren Stelle nur ausnahmsweise ein Rücktrittsrecht gewährt wird. Mit anderen Worten: das Rücktrittsrecht in Form des Anspruches auf

---

das landesherrliche Ehescheidungsrecht, welches Hubrich a. a. O. S. 257 f., 260 ff., 268, für ein „treffliches Mittel" zur Befriedigung des anormalen Ehescheidungsbedürfnisses erklärt.

[89]) Handelt es sich um die Frage, ob Ehen wegen vorhandener Ehehindernisse als nichtig aufzuheben seien, z. B. weil sie durch Zwang, Betrug oder wesentlichen Irrthum zustande gekommen sind, so pflegt anerkannt zu werden, daß es nicht zulässig sei, Ehen zwangsweise aufrecht zu erhalten, denen es an der sittlichen Grundlage fehlt. (S. oben S. 50.) Handelt es sich aber um Scheidung, so ist man anderer Ansicht.

[90]) Nach Analogie des Gesellschaftsrechtes Art. 125 Nr. 1, 128 D.H.G.B.; §§ 133, 140 N.H.G.B.; §§ 723, 726 B.G.B.

Scheidung muß im Falle der Vereitelung des Ehezweckes stets gewährt werden, vorausgesetzt, daß nicht den Kläger die Schuld trifft.

Ein Ehedelikt des Beklagten würde an sich nur eine Bestrafung des Schuldigen, nicht aber die Scheidung rechtfertigen können. Die Scheidung kann es nur insofern begründen, als dadurch die Lebensgemeinschaft dauernd vereitelt wird.

Ferner hat allerdings der Staat ein dringendes Interesse daran, daß Ehen nicht leichtsinnig oder aus unwürdigen Beweggründen eingegangen werden, weil sie andernfalls voraussichtlich ihren Zweck nicht erreichen und durch Urtheil wieder aufgelöst werden müssen. Aber in dieser Beziehung ist durch bloße Streichung einer Anzahl von Ehescheidungsgründen wenig oder nichts zu erreichen. Von viel größerem Einflusse sind die öffentliche Meinung, die sozialen Verhältnisse und ein geeignetes, gegen Simulationen Schutz gewährendes Prozeßverfahren.

Werden Ehescheidungsgründe vom Gesetzgeber aus theoretischen Gründen gestrichen im Widerspruch mit den Bedürfnissen des Lebens, so hat das nur den Erfolg, daß die betroffenen Familien entweder zu Grunde gehen oder der Weg der Selbsthülfe beschritten und dadurch das Sittlichkeitsniveau noch mehr herabgedrückt wird. Während ein gänzliches Verbot erfahrungsmäßig Scheinehen und ehebrecherische Verhältnisse begünstigt,[91]) gestattet ein dem Bedürfniß nicht genügendes Scheidungsrecht freilich noch den Ausweg, dem gesetzlich geschaffenen Nothstande dadurch zu entgehen, daß man durch Herbeiführung eines anerkannten Ehescheidungsgrundes dem Gesetze genügt. Damit ist der öffentlichen Moral jedoch keineswegs gedient. — Und noch eine merkwürdige Erfahrung hat man gemacht, daß nämlich sogar das gänzliche Verbot der Scheidung durchaus nicht die Wirkung hat, die leichtsinnigsten Eheschließungen zu verhindern.[92])

---

[91]) S. Oettingen. Moralstatistik. (3. Aufl. 1882) S. 157 Anm. 1.

[92]) Bekanntlich wurde in Frankreich durch Ges. v. 8. Mai 1816 die Scheidung gänzlich abgeschafft (art. 1, le divorce est aboli). Man hat sich aber genöthigt gesehen, sie durch das Ges. v. 27. Juli 1884, die sog. loi Naquet, wieder einzuführen. S. M. Alfred Naquet, Le divorce. Documents, rapports et discours parlementaires. Avignon 1882. Botton et Lebon, Code annoté du divorce. Paris 1884. — Für die Zustände in der Zwischenzeit ist charakteristisch, daß man das Gesetz v. 1816 als „malheur de la société" zu bezeichnen pflegte. Ferner die Berichte von Gegnern der Ehescheidung, wofür zwei Beispiele genügen werden. Ernest Cadet, Etudes morales sur la société contemporaire. Le mariage en France, statistique, reformes. Paris 1870, S. 58 ff. sagt, es sei schmerzlich zu sehen, welche Masse Klagen auf séparation de corps in diesem katholischen Lande an-

II. Nach dem Gesagten werden sich die Erfordernisse, denen ein zweckentsprechendes Ehescheidungsrecht genügen muß, in Kürze wie folgt zusammenfassen lassen.

1. Die Scheidung von Staatswegen ist in solchem Umfange zuzulassen, daß sie vollkommen ausreichenden Ersatz für das Verbot der Selbstscheidung gewährt, namentlich stets dann, wenn die eheliche Lebensgemeinschaft dauernd unmöglich geworden, die Zwecke der Ehe dauernd vereitelt sind.

2. Um eine dem entsprechende Handhabung des Gesetzes möglichst zu sichern, richterliche Willkür auszuschließen und annähernde Rechtseinheit zu ermöglichen, sind die Thatbestände der einzelnen Ehescheidungsgründe auf das Genaueste zu spezifiziren — und zwar derartig, daß die sog. absoluten Scheidungsgründe die Regel bilden, die sog. relativen Scheidungsgründe die nach Möglichkeit zu beschränkende Ausnahme.[93]) Denn nur unter dieser Voraussetzung wissen die Betheiligten, was Rechtens ist, und sind sie gegen Verkümmerung ihres Scheidungsanspruches gesichert.

3. Die Ausgestaltung im Einzelnen muß den thatsächlichen Verhältnissen, den mannigfachen Bedürfnissen der verschiedenen Bevölkerungsklassen entsprechen, wobei zu berücksichtigen ist, daß die Ehe in den die große Mehrheit bildenden Klassen wirthschaftlich den Charakter der Erwerbsgemeinschaft hat.

Nur eine verschwindende Minderheit befindet sich in so günstiger Vermögenslage, daß ihre und der Kinder Existenz auch dann noch nicht in Frage gestellt wird, wenn das eheliche Zusammenwirken dauernd vereitelt ist. — Anders verhält es sich mit der großen Masse der wenig

---

gestellt werden. Er fügt hinzu: Les renseignements, que nous avons recueilli aux sources officielles sur les séparations de corps ne sont rien moins que consolants. Ils temoignent de l'inconcevable légèreté avec laquelle on se marie." Ein neuerer Schriftsteller Combier, Essai sur le divorce. Paris 1881, S. 424, sagt von seinen Gegnern, welche die Wiedereinführung der Scheidung verlangten: „Ils font un tableau effrayant de l'état du mariage en France et nous ne pouvons malheureusement les contredire sur ce point."

[93]) Diesem Grundsatze entsprach auch der 1889 auf dem XX. Juristentage gefaßte Abtheilungsbeschluß (Verhandl. IV S. 406 f., 448), nach welchem a) nur bei unmittelbarer Feindseligkeit des einen Ehegatten gegen den Anderen die Scheidung vom richterlichen Ermessen (ob die Ehe als unerträglich gemacht zu erachten) abhängen sollte; b) alle anderen Ehescheidungsgründe nach Art der sog. absoluten genau und bestimmt zu bezeichnen seien. — Dazu zu vergleichen m. Gutachten a. a. O. Bd. II S. 215 ff.

oder gar nicht Bemittelten, „wo nur ein Bett und eine Stube ist". Hier sind Mann und Frau unentbehrliche Mitarbeiter, die Noth des Lebens muß täglich gemeinsam getragen werden.[94])

Es kann nun keinem Zweifel unterliegen, daß diesen Erfordernissen eines gesunden, zweckentsprechenden bürgerlichen Ehescheidungsrechtes das Preuß. A.L.R. im Wesentlichen entsprach; jedenfalls weit vollkommener entsprach, als die anderen in Deutschland geltenden Ehescheidungsrechte. Es hatte in 53 Paragraphen Eilf Scheidungsgründe auf das Genaueste normirt. Nur einzelne wenige Paragraphen hätten einer Aenderung bedurft.[95])

Gleichwohl haben die Verfasser der Entwürfe leider davon abgesehen, diese Gesetzgebung bei Ausarbeitung des Ehescheidungsrechtes zu Grunde zu legen. Dies war ganz im Sinne der im letzten Menschenalter zur Herrschaft gelangten strengen Richtung, welche das preußische Ehescheidungsrecht als lax, religionslos und auf einer besonders niedrigen Stufe der Sittlichkeit stehend fortgesetzt verketzert hatte, ohne allerdings für diese Behauptung irgend welche überzeugenden Beweise beibringen zu können.[96])

---

[94]) Näher ausgeführt in den Verhandl. des Preuß. Abgeordnetenhauses über den Entwurf eines Ehegesetzes 1857 S. 114, 169, und 1858 S. 267 f. von den Abgeordneten Wentzel, Graf Schwerin und Dr. Eckstein. Letzterer hob besonders hervor, daß gerade in den solidesten Schichten der Bevölkerung, zumal im Bauernstande, der rein geschäftsmäßige Charakter der Ehe vorherrsche. „Da wird viel mehr über Geld und Gut als über das Herz verhandelt. Für den Bauern ist die Ehe eine Anstalt, das Vermögen zu vergrößern und eine tüchtige Wirthin in das Haus zu nehmen ohne Miethe und ohne Gefahr des häufigen Wechsels." Vergl. hierzu m. Gutachten a. a. O. S. 198 ff.

[95]) Namentlich hätte im § 698 statt „Raserei und Wahnsinn" gesagt werden müssen, „Geisteskrankheit", und die Fassung des § 716 wäre dahin abzuändern gewesen, daß die Scheidung ganz kinderloser Ehen nicht auf Grund gegenseitiger Einwilligung erfolgt, sondern auf Grund unüberwindlicher Abneigung, falls diese thatsächlich begründet wird und überdies der Beklagte in die Scheidung willigt.

[96]) Der Beweis könnte nur geführt werden durch Darstellung der Preußischen Ehescheidungspraxis und durch den Nachweis, daß sie eine laxe gewesen sei und sittliche Nachtheile herbeigeführt habe. Statt dessen begnügt man sich mit allgemeinen Redensarten über den erniedrigenden, naturrechtlichen Standpunkt des Preuß. A.L.R. (S. z. B. Zorn in der Deutschen Wochenschrift 1889 S. 514 f.) oder beruft sich sogar auf das Urtheil französischer Schriftsteller. So citirt O. Mayer in seinem Gutachten Verhandl. des XX. Juristentages II S. 93 den Ausspruch von Glasson (le mariage civil et le divorce 1880 S. 368): „Le législateur prussien n'a pas

Die Wahrheit ist, daß einer früheren laxen Praxis durch das Ehescheidungsedikt Friedrichs des Großen vom 17. November 1782 und die demselben sich anschließenden landrechtlichen Bestimmungen energisch entgegengetreten worden war und demnächst auch der Mangel eines geeigneten Verfahrens durch die von Friedrich Wilhelm IV. erlassene Verordnung vom 28. Juni 1844 beseitigt wurde.[96a])

Weit weniger noch als das preußische Recht konnte man freilich das gemeine Recht oder das französische Recht bei Normirung der Ehescheidung zu Grunde legen. Das gemeine Recht nicht aus dem Grunde, weil ein solches in Ehescheidungssachen nicht existirt, sich vielmehr das Ehescheidungsrecht durch Gesetzgebung und Praxis in mannigfaltigster Weise in den verschiedenen Territorien entwickelt hat.[97])

Namentlich erfolgt in den gemeinrechtlichen Gebieten die Scheidung auch wegen gegenseitiger unüberwindlicher Abneigung (sogen. Scheidung ex consensu), wegen unheilbaren Wahnsinns, sowie wegen körperlicher Gebrechen, theils durch die Gerichte, theils durch den Landesherren (per rescriptum principis).

Diese Scheidungsgründe wünschte man aber gerade zu beseitigen sammt dem landesherrlichen Scheidungsrechte.

Was das französische Recht betrifft, so konnten für Deutschland nur die ursprünglichen Bestimmungen des code civil, und die sich an dieselben anschließende Gerichtspraxis in Betracht kommen. Denn das

---

compris la sainteté du mariage." Um dieses Citat richtig zu würdigen, muß man beachten, daß Glasson zu den Eiferern gehört, welche von der Ehescheidung überhaupt nichts wissen wollen, weil sie ein „principe de décadence et de dissolution" enthalte; zu denen, welche — blind gegen die wirklichen Zustände — behaupten, die Zulassung der Ehescheidung ruinire die Familie, untergrabe die Sittlichkeit, vervielfältige die unglücklichen Ehen und setze die Frauen willkürlicher Verstoßung aus. S. Glasson, Elements du droit français Bd. I S. 123 f, 127 f. (2. Aufl. 1884). „Jeder vernünftige Mensch — sagt hier Glasson — muß einsehen, daß die Zulassung der Ehescheidung nur der erste Schritt ist zur Abschaffung der Ehe überhaupt. Glücklicherweise ist die Ehescheidung in Frankreich abgeschafft und wird hoffentlich nicht wieder eingeführt." — Die Wiedereinführung erfolgte indessen fast gleichzeitig mit dem Erscheinen dies citirten Werkes, durch das Gesetz vom 27. Juni 1884.

[96a]) S. hierzu v. Savigny, Darstellung der in den Preußischen Gesetzen über die Ehescheidung unternommenen Reform. (Zuerst anonym Berlin in Kommission bei Veit & Co. 1844. Wieder abgedruckt in v. Savigny's Vermischten Schriften V (1850) S. 308 f.). Vergl. m. Gutachten a. a. O. S. 270 und die Einleitung des ebenda S. 226 f. abgedruckten Edikts vom 17. November 1782.

[97]) S. hierüber Mot. IV S. 564 f. und m. Gutachten a. a. O. Bd. II S. 143 f.

Gesetz vom 8. Mai 1816, durch welches die Scheidung in Frankreich abgeschafft worden war, hatte in Baden und in den Rheinlanden niemals Geltung erlangt. Für Elsaß-Lothringen war es durch Gesetz vom 27. November 1873 aufgehoben und zwar mit rückwirkender Kraft.

Die Bestimmungen des code civil und die an dieselben gebundene Gerichtspraxis leiden aber an sehr erheblichen Mängeln. Die Scheidung findet statt pour cause determinée und par consentement mutuel. Letzterer Scheidungsgrund ist aber wegen der unendlichen vom Gesetz vorgeschriebenen Formalitäten so gut wie unpraktisch.[98]) Von den drei determinirten Ehescheidungsgründen fällt einer, die Verurtheilung zu einer peine infamante, für Deutschland gänzlich fort, weil unser Strafgesetzbuch eine solche mit Verlust des Staatsbürgerrechts (dégradation civique) verbundene Strafe nicht kennt.[99])

Es bleiben also als Scheidungsgründe nur Ehebruch und lebensgefährliche oder sonst grobe Mißhandlungen und schwere Beleidigungen. In ersterer Beziehung bestimmt der (aus Nov. 117 cap. 9 § 5) entnommene[100]) art. 230 Code civil, daß der Ehebruch des Mannes für die Frau nur dann Scheidungsgrund ist, wenn der Mann in der Ehewohnung selbst eine Konkubine unterhalten hat; was unseren Anschauungen doch wohl kaum entspricht.

In letzterer Beziehung aber ist zu bemerken, daß nach der Praxis zwar lebensgefährliche Mißhandlungen (excès) die Scheidung zur Folge haben, im Uebrigen aber die Scheidung nach dem relativen Maßstabe erfolgt, d. h. es vom richterlichen Ermessen abhängt, ob mit Rücksicht auf die Umstände, namentlich Bildungsgrad und gesellschaft-

---

[98]) S. hierüber Barazetti: Das Eherecht nach dem Code Napoleon und dem Badischen Landrechte 1895 S. 648 ff. Zachariae-Crome, Handbuch des Französischen Civilrechts 8. Aufl. 1895 III S. 98.

[99]) S. art. 232 Code civil und dazu Zachariae-Crome a. a. O. III § 446 Anm. 13. Die Folge ist, daß in der Preußischen Rheinprovinz und in Elsaß-Lothringen Scheidung wegen Verurtheilung zu 15jährigem Zuchthaus nebst 10jährigem Ehrverlust, ja sogar zu lebenslänglichem Zuchthaus, nicht zu erreichen ist, wogegen die Ehe geschieden werden kann, wenn der Mann der Frau vorwirft, sie habe den Teufel im Leibe. (S. U.R.G. v. 26. April 1886 in Puchelt (jetzt Heinsheimer's) Zeitschr. f. französ. Civilrecht 17 S. 666. U.R.G. v. 6. Okt. 1885 E. 15 S. 313 f.) — Für Baden genügt als Scheidungsgrund Verurtheilung zu Zuchthaus oder zu einer fünf Jahre übersteigenden Freiheitsstrafe. Art. 14 I des Badischen Einf.Ges. zum R.Str.G.B. vom 23. Dez. 1871. Barazetti a. a. O. S. 637.

[100]) „Si quis in sua domo, in qua cum sua conjuge commanet, contemnens eam cum aliis inveniatur in ea domo manens rel." S. hierzu Puchelt, Zeitschr. IV S. 421 f., XVII S. 21. Barazetti a. a. O. § 36 Anm. 19 S. 621 f.

liche Stellung der Ehegatten, der Zustand für unerträglich erachtet wird. Ist dies nicht der Fall, so wird die Klage, weil „sévices“ oder „injures graves“ im Sinne des Gesetzes nicht vorliegen, abgewiesen. — Hier liegt also der Uebelstand vor, daß der Art. 231 einerseits eine unbestimmte Menge von Scheidungsgründen zusammenfaßt, andererseits doch keinen gesicherten Anspruch auf Scheidung gewährt. Allerdings zeigt gerade in dieser Hinsicht unser B.G.B. mit dem Code civil eine überraschende Aehnlichkeit.[101])

Da nun die Verfasser des Entw. I in dem wirklich geltenden Rechte keine ihnen passende Grundlage vorfanden, so haben sie sich dadurch geholfen, daß sie von zwei theoretischen Grundgedanken ausgingen, nämlich 1. von dem Verschuldungsprinzipe, d. h. der Auffassung, daß über die Fälle der Verschuldung hinaus die Scheidung nicht zugelassen werden dürfe, und 2. von einer Bevorzugung der Relativität der Scheidungsgründe, d. h. von der Auffassung, daß mit Ausnahme einer möglichst beschränkten Zahl von Gründen, welche die Scheidung ohne Weiteres rechtfertigen, in der Regel das richterliche Ermessen in Erwägung der besonderen Umstände zu entscheiden habe.

Das Verschuldungsprinzip hat eine bestimmte geschichtliche Grundlage. Es stammt aus der Zeit, wo es eine Klage auf Scheidung noch nicht gab, weil die Scheidung ipso jure et facto eintrat, durch das Urtheil nur als geschehen deklarirt wurde. Zu dieser Zeit war die Schuldfrage Hauptgegenstand des gerichtlichen Verfahrens, um gegen den Schuldigen von Amtswegen das Verbot der Wiederverheirathung aussprechen zu können.[102])

---

[101]) Als im Code civil art. 231 enthaltene Ehescheidungsgründe sind von der Praxis — abgesehen von Mißhandlungen, Ehrverletzungen und muthwilligen Beleidigungen — noch folgende anerkannt: 1. Untreue des Mannes, sofern sie nicht unter Code civil art. 230 fällt; 2. Vorwurf eines begangenen Ehebruches, Anklage wegen Verbrechen oder Vergehen; 3. Widerrechtliche Freiheitsberaubung; 4. Bösliche Verlassung und verweigerte Aufnahme; 5. Unsittliche Handlungen; 6. Ansteckung mit einer Lustseuche; 7. Sogen. Herzenshärtigkeit, d. h. andauernde Versagung der ehelichen Pflicht; 8. Weigerung des Mannes, nach vollzogener Civiltrauung sich kirchlich trauen zu lassen; 9. Verurtheilung zu Kriminalstrafen (ohne dégradation civique); 10. Trunksucht. S. hierzu Zachariae-Crome a. a. O. III § 446 Anm. 7a ff. Barazetti a. a. O. § 36 S. 626 ff.

[102]) S. hierzu Stoelzel in der Zeitschr. für Kirchenrecht 18 S. 37 ff. und m. Gutachten a. a. O. II. S. 144 f.

Nachdem diese historische Grundlage dadurch fortgefallen, daß es sich im jetzigen Eheverfahren nicht mehr um Bestrafung des Schuldigen, sondern um den Ausspruch der Scheidung selbst handelt, also um *Realisirung des Scheidungsanspruches für den Unschuldigen*, stützt man das Verschuldungsprinzip auf die Theorie, daß alle möglichen Veranlassungen zur Ehescheidung den drei Kategorien: *Verschuldung, Willkür und Zufall* unterfallen.[103]) Die Scheidung dürfe nur im Falle der Verschuldung (wegen Verletzung der Ehepflichten) ausgesprochen werden, dem Unschuldigen gegenüber würde sie eine nicht zu rechtfertigende Härte sein.

Allein die ganze Eintheilung ist unzutreffend. Die Verschuldung ist nicht an sich, sondern nur deshalb und nur insoweit Scheidungsgrund, als sie die eheliche Gemeinschaft unmöglich, das Zusammenleben unerträglich macht. Ganz dasselbe muß aber gelten von dem sog. *Zufall*, welcher in der Person des einen Ehegatten (des Beklagten) durch Geisteskrankheit oder körperliche Gebrechen und Krankheiten eingetreten ist, vorausgesetzt, daß nicht etwa *den Kläger* die Schuld trifft.

Tritt in der Person des Ehegatten B durch göttliche Schickung oder Heimsuchung, also im Rechtssinne *zufällig*, ein Umstand ein, welcher eine Unmöglichkeit oder Unerträglichkeit des ehelichen Zusammenlebens verursacht, so trifft von Rechtswegen der casus *ihn selbst*, nicht den Ehegatten A. Auch liegt dann in der Regel für den A ein *ehelicher Nothstand* vor, dessen Beseitigung, da im Eherechte jede

---

[103]) Diese Theorie wurde von v. *Savigny* aufgestellt zur Begründung des von *Ernst Ludwig v. Gerlach* im Jahre 1842 verfaßten Preuß. Gesetz-Entwurfs betr. die Reform des Eherechts. S. v. *Savigny*, Vermischte Schriften V S. 222 f. — In den Motiven der späteren Gesetzentwürfe ist sie dann in Bezug genommen. Vergl. hierzu m. Gutachten a. a. O. II S. 165 f. und die Kritik der v. *Savigny*schen Theorie ebenda S. 114, 202 f., 210 f. — Was hier als *Zufall* bezeichnet wird, der Eintritt körperlichen oder geistigen Unvermögens, ist im *religiösen* Sinne göttliche Fügung, Schickung oder Heimsuchung. „Denn Gott sucht die Missethat der Väter heim an den Kindern bis ins dritte und vierte Glied" (II. Buch Mose 20 V. 4, 34 V. 7; V. Buch Mose 5 V. 9; Hiob 9 V. 27.) — In dem hier allein interessirenden *Rechtssinne* dagegen kommt eine solche Heimsuchung *nur in Betracht als in der Person des Verpflichteten eingetretene Unfähigkeit zur fortdauernden Erfüllung der Ehepflichten, als Unmöglichkeit und Zweckvereitelung.* — Ebenso irreführend und verfehlt ist die Bezeichnung der gegenseitigen Einwilligung als *Willkür*, da jene Einwilligung nur als *Beweis- und Erkennungsmittel* dient für die thatsächliche Zerrüttung der Ehe.

Selbsthülfe ausgeschlossen sein soll, durch Scheidung ermöglicht werden muß. Einen Rechtsgrund, dem Unschuldigen und dessen Kindern den casus aufzubürden, sie in dem eingetretenen Nothstande hülflos zu lassen, giebt es nicht. — Uebrigens kann auch die in dem Unglück des B liegende Härte, für welche A in keiner Weise verantwortlich ist, durch Versagung der Scheidung gar nicht beseitigt, oder auch nur gemildert werden. Denn der dem andern Ehegatten ungerecht auferlegte Ehezwang sichert dem Unglücklichen doch keineswegs diejenige sachverständige Aufsicht, Behandlung und Pflege, welche nach Vereitelung der ehelichen Gemeinschaft für ihn als Milderung seines Leidens allein noch in Frage kommt.

Im Kreise unserer Leser ist vielleicht kein einziger, der in solchem Unglück nicht in der Lage sein würde, auf die Scheidung freiwillig zu verzichten. Aber das ist keine Norm für den Gesetzgeber.

In einem ausschließlich für die oberen Zehntausend bestimmten Gesetze dürfte die Scheidung wegen sog. Zufalls allenfalls entbehrlich sein, nicht aber in einem Gesetzbuch für eine große Nation, in welcher die wohlhabenden Leute eine verschwindende Minderheit bilden.[104])

Was endlich die Scheidung aus Willkür betrifft, so kommt diese überhaupt nicht vor. Es wird im modernen Rechte niemals blos deshalb geschieden, weil die Betheiligten es verlangen; sondern die sog. Willkür beschränkt sich darauf, daß unter Umständen, — abgesehen von den gesetzmäßig bestimmten Gründen — eine Ehe auch dann ge-

---

[104]) Vergl. hierzu A. Menger, Das bürgerliche Recht und die besitzlosen Volksklassen in H. Brauns Arch. für soziale Gesetzgebung und Statistik I (1889) S. 42 f. und m. Gutachten a. a. O. II S. 198 f. — Es wäre verkehrt, wenn der Gesetzgeber, welcher die Nothstände der großen Masse zu regeln hat, sich auf den Standpunkt eines sittliche Vollkommenheit predigenden Religionsstifters stellen und an die Allgemeinheit in Form von Rechtssätzen Anforderungen stellen wollte, deren Unerfüllbarkeit die Umgehung und Selbsthülfe herausfordert, der Unsittlichkeit und dem Verbrechen zur Entschuldigung dient und den Staat als eine zur Erfüllung praktischer Aufgaben ungeeignete Anstalt erscheinen läßt. — Das gesunde Verhältniß ist umgekehrt so, daß die Gesetzgebung in ihren allgemeinen Grundsätzen der Noth des Lebens der großen Masse vollständig Rechnung trägt, der Einzelne aber unter dem Einflusse der Sitte und der öffentlichen Meinung mit seinem Gewissen darüber zu Rathe geht, ob die individuellen Verhältnisse ihm gestatten, von den ihm durch das bürgerliche Gesetz gewährten Befugnissen abzusehen; wobei dann die zur moralischen Einwirkung geeigneten oder berufenen Personen und Kreise dahin wirken mögen, daß von der gesetzlichen Befugniß nur dann Gebrauch gemacht werde, wenn die Pflicht der Selbsterhaltung oder andere überwiegende Pflichten es gebieten.

schieden werden kann, wenn die richterliche Ueberzeugung von der hoffnungslosen Zerrüttung der Ehe noch besonders bekräftigt wird durch die Erklärung des Beklagten, daß er auch seinerseits die Scheidung verlange.[105])

Der zweite Grundgedanke der Entwurfsverfasser ging, wie erwähnt, dahin, eine Erschwerung der Scheidung herbeizuführen durch möglichste Beschränkung der absoluten Scheidungsgründe, während im Uebrigen hinsichtlich der sog. relativen Gründe die Scheidung dem richterlichen Ermessen anheimgestellt bleibt.

In dieser Richtung waren bereits Versuche gemacht worden, in den — glücklicher Weise erfolglos gebliebenen — Preußischen Gesetzentwürfen betr. die Reform des landrechtlichen Ehescheidungsrechtes aus den Jahren 1844, 1854, 1856, 1859. Nach dem Entwurfe vom April 1844 sollten die als relativ beibehaltenen landrechtlichen Scheidungsgründe nur dann zur Scheidung führen:

> wenn das Ehegericht nach der besonderen Beschaffenheit des Falles die Ueberzeugung gewinnt, daß durch die Schuld des verklagten Theils die Ehe in nicht minderem Grade zerrüttet worden sei, als durch Ehebruch oder bösliche Verlassung geschehen sein würde.

In dem Entwurfe von 1859 wurden die Worte: „oder bösliche Verlassung" gestrichen, um lediglich den Ehebruch, objektiv genommen, als Maßstab hinzustellen.[106])

---

[105]) Code civil art. 223: „Le consentement mutuel et persévérant des époux exprimé de la maniére preserite par la loi, sous les conditions et après les épreuves qu'elle détermine, prouvera suffisament que la vie commune leur est insupportable, et qu'il existe, par rapport à eux, une cause péremptoire de divorce. — Etwas Anderes ist auch in § 716 II 1. Preuß. A.L.R. nicht gemeint, trotz der schon oben in Anm. 95 gerügten, unzutreffenden Fassung.

[106]) S. Verhandl. über den Gesetzentwurf das Eherecht betr. in beiden Häusern des Landtages. Vollständ. Abdruck der stenogr. Berichte nebst Gesetzentwurf 2c. 1859 (R. Decker) S. 5, 16, 86 f., 245, 544. — Minister v. Bethmann-Hollweg bezeichnete es als höchst erfreulich, daß als Maßstab der relativen Scheidungsgründe jenes Wort Christi vom Ehebruch ausdrücklich hingestellt und legislativ anerkannt sei. — Damit war das Wort Christi in der Bergpredigt Ev. Matthaei 5 V. 27 ff., 19 V. 5 ff. gemeint, wobei jedoch zu beachten ist, daß 1) in den anderen Berichten Ev. Marci 10 V. 2 bis 10 und Ev. Lucae 16 V. 18 eine Ausnahme für den Fall der „Hurerei" überhaupt nicht erwähnt ist; 2) Christus nach Matth. 5 V. 32, 19 V. 9 auch Ehebruch (Hurerei) keineswegs als Scheidungsgrund anerkennt; daß aber auch hiervon abgesehen 3) in der Bergpredigt nur von der Ausübung der Selbstscheidung seitens des Mannes die Rede ist, d. h. von einem längst nicht mehr existirenden Institute.

Allein die Unbrauchbarkeit beider Formulirungen konnte nicht zweifelhaft sein. Denn der Ehebruch führt in zahlreichen Fällen eine Ehezerrüttung überhaupt nicht herbei, schon deshalb nicht, weil er unentdeckt bleibend spurlos vorübergeht. Die bösliche Verlassung aber kommt vornehmlich als dasjenige Mittel der Selbsthülfe und Selbstvertheidigung in Betracht, durch welches unglückliche Ehen zeitweise einigermaßen erträglich werden und welches zur Aushülfe dient, wenn andere Wege zur Scheidung durch Gesetz ungangbar gemacht sind.

Deshalb haben die Entwurfsverfasser mit Recht eine andere Formulirung gewählt, welche ihnen jedoch den nicht unbegründeten Vorwurf zugezogen hat, daß sie, statt den Gegenstand eingehend selbst zu ordnen, diese schwierige Aufgabe auf den Richter übergewälzt hätten.[107])

Nach diesen Erörterungen kann nunmehr zur Erläuterung und Würdigung des Gesetzestextes selbst übergegangen werden.

III. Die den Anspruch auf Scheidung unmittelbar betreffenden Bestimmungen sind enthalten in den §§ 1564 bis 1569,[108]) §§ 1575, 1576 und 1586, 1587.

Nach § 1565 kann auf Scheidung geklagt werden wegen Ehebruches, Doppelehe und widernatürlicher Unzucht (§§ 171, 175 Str.G.B.), es sei denn, daß der Kläger zugestimmt oder sich der Theilnahme[108a]) schuldig gemacht hat. Ferner nach § 1566 wegen Lebensnachstellung, nach § 1567 wegen böslicher Verlassung.

Hinsichtlich des Ehebruches sind Mann und Frau jetzt rechtlich ganz gleich gestellt,[109]) wiewohl hier bedeutende Ungleichheiten vorhanden

---

[107]) S. O. Mayer in seinem Gutachten a. a. O. S. 102, 105 „eine Kasuistik muß er aufstellen von bestimmten Ehescheidungsgründen, über welche weder die Richter noch die Parteien hinaus können. Denn ein Ehescheidungsrecht des Gesetzgebers brauchen wir, und nicht ein Ehescheidungsrecht des Richterstandes."

[108]) Vergl. dazu die Uebergangsbestimmungen in Art. 201, 202 des Einf.G. Nach Art. 201 Abs. 2 wird unter Umständen auch noch nach dem Inkrafttreten des B.G.B. zu untersuchen sein, ob die frühere Verfehlung nach katholischem resp. nach jüdischem Rechte einen Scheidungsgrund enthält.

[108a]) [2] Als Mitthäter, Anstifter oder Gehülfe Str.G.B. §§ 47—49. — Hat Kläger, ohne daß Zustimmung oder Theilnahme seinerseits vorliegt, durch sein eigenes Verhalten zu der Verfehlung gegen § 1565 Anlaß gegeben, so wird dadurch sein Ehescheidungsanspruch nicht ausgeschlossen. Mot. IV S. 587. Jetzt auch Unzner S. 318 (Anm. 3 zu § 1565).

[109]) Ebenso § 1713 Sächs. B.G.B. und das Französ. Gesetz v. 27. Juli 1884 im Gegensatze zu art. 230 des Code civil (s. oben bei Anm. 100). Auch das Preuß.

sind, namentlich wegen der Bestimmungen über die eheliche Abstammung der Kinder §§ 1591 ff.

Im § 1566 ist der Ausdruck „nach dem Leben trachtet" in dem Sinne gemeint, daß auch Vorbereitungshandlungen genügen, vorausgesetzt, daß die Absicht das Leben zu nehmen erhellt. (Kommissionsbericht S. 67.)

Im Falle der böslichen Verlassung wird entsprechend dem in Württemberg geltenden Rechte, die Scheidung dadurch erschwert, daß in der Regel der Anspruch auf Scheidung nur als Judikatklage stattfindet. Der verlassene Ehegatte muß zunächst auf Herstellung der häuslichen Gemeinschaft klagen, um dem anderen Theile die Rechtswidrigkeit seiner Handlungsweise zum Bewußtsein zu bringen (Denkschr. S. 214).[109a])

Bösliche Verlassung im Sinne des B.G.B. liegt erst vor, wenn der andere Ehegatte zu dieser Herstellung rechtskräftig verurtheilt ist und dem Urtheile ein Jahr lang nicht Folge geleistet hat, — und zwar gegen den Willen des Klägers und in böslicher Absicht.[109b]) — Nur in dem Falle, wenn der andere Ehegatte nicht erreichbar ist, braucht nicht erst auf Herstellung der ehelichen Gemeinschaft geklagt zu werden. In diesem Falle liegt bösliche Verlassung im Sinne des Gesetzes

---

A.L.R. § 671 II 1 enthielt noch die Ungleichheit, daß bei beiderseitigem Ehebruche die Scheidung vom Willen des Mannes abhing. Unter Ehebruch wird hier verstanden vollendeter Ehebruch im Sinne des § 172 Str.G.B. S. darüber auch R.G.E. 9 S. 189 f.; 38 S. 181 und vergl. im Uebrigen Mot. IV S. 582 f. Jetzt auch Unzner S. 318 (Anm. 1 zu § 1565).

[109a]) [2] Die Bedeutung des dem Scheidungsprozesse vorhergehenden contradictorischen Verfahrens liegt darin, daß in demselben festgestellt wird, ob die Gründe gerechtfertigt sind oder nicht, aus denen die Herstellung der häuslichen Gemeinschaft verweigert wird (§§ 1353, 1354) und daß der Beklagte im Falle seiner Verurtheilung sich der Widerrechtlichkeit seiner fortgesetzten Weigerung bewußt wird. Mot. IV S. 589 ff. — S. auch Unzner S. 318 f. (Anm. 1) und Engelmann S. 337 f. (Anm. 2a zu § 1567).

[109b]) [2] Bösliche Absicht liegt vor, wenn sich der Abwesende beharrlich fernhält, sich auch beharrlich der Pflicht entzieht, für die Ehefrau zu sorgen. Es ist ohne Bedeutung, ob er unter gewissen Bedingungen oder Umständen zur Rückkehr bereit ist. R.G.E. 15 S. 204. — Bösliche Absicht der beklagten Ehefrau liegt dagegen nicht vor, wenn sie die Rückkehr verweigert, so lange eine Beischläferin des Mannes sich in dessen Wohnung befindet. R.G.E. 20 S. 208 ff. — Ebensowenig, wenn sie sich (irrthümlich) für berechtigt hielt, die Rückkehr zu verweigern. S. die in den Mot. IV S. 590 angeführten Entscheidungen. Ohne auf diese Entscheidungen einzugehen hat neuerdings das Reichsgericht (3. Senat) durch Urth. v. 15. Oktober 1897 E. 40 S. 161 jene Ansicht gemißbilligt, verlangt vielmehr, daß die Weigerung objektiv begründet sei. Vergl. aber Unzner S. 319 (Anm. 1a zu § 1567).

schon dann vor, wenn der andere sich gegen den Willen des Klägers in böslicher Absicht ein Jahr lang von der häuslichen Gemeinschaft fern gehalten hat und die Voraussetzungen der öffentlichen Zustellung [§ 203 C.P.O.] gegen ihn seit Jahresfrist bestanden haben, auch bis zum Urtheil fortbestehen.

Es bedarf keiner Ausführung, daß durch diese Vorschriften die Scheidung wegen böslicher Verlassung wesentlich erschwert ist gegenüber dem Preußischen Rechte und den anderen Gesetzgebungen, nach welchen es vor Anstellung der Klage nur eines auf Antrag zu erlassenden gerichtlichen Rückkehrbefehles bedarf.

Nach dem B.G.B. sind in der Regel, um wegen böslicher Verlassung geschieden zu werden, zwei kostspielige Prozesse erforderlich. —

Die bisher besprochenen Scheidungsgründe sind absolute, d. h. hier kann die Scheidung auf Grund des erwiesenen Thatbestandes ohne Weiteres verlangt werden.

Die weiteren Scheidungsgründe sind nicht im Einzelnen bezeichnet, sondern in § 1568 mit Rücksicht auf ihre Vielgestaltigkeit — als sog. relative Scheidungsgründe — in dem allgemeinen Satze zusammengefaßt:

> daß Scheidung nur erfolgen soll,[110]) wenn die Ehe derartig zerrüttet ist, daß dem Kläger die Fortsetzung der Ehe nicht zugemuthet werden kann.

Hiermit ist anerkannt, daß es sich bei der Ehescheidung nicht handelt um Bestrafung eines Schuldigen, sondern um einen Anspruch auf Ehescheidung, welcher dem Kläger deshalb zusteht, weil die Ehe zerrüttet ist, d. h. die Lebensgemeinschaft in Wirklichkeit nicht mehr besteht.[110a])

---

[110]) Viel ungünstiger noch lauteten die Bestimmungen §§ 1444, 1445 Entw. I. Der Kläger war nur Trennung von Tisch und Bette zu verlangen berechtigt, Scheidung nur, wenn die Aussicht auf Herstellung des ehelichen Lebens ausgeschlossen war. Nach Ablauf der Trennungszeit von höchstens zwei Jahren sollte dann im Wege einer neuen Klage Scheidung verlangt werden können, wenn nicht inzwischen vom Gegner auf Herstellung des ehelichen Lebens geklagt worden. — Diese Erschwerungen sind in II. Lesung beseitigt. Vgl. mein Gutachten a. a. O. II S. 222 und Verhandl. IV S. 385. Zusammenstellung der gutachtl. Aeußerungen IV S. 317 f. Prot. IV S. 416 f.

[110a]) Damit stimmt vollständig überein die Verwerfung des Kompensationsprinzips, welche in den Mot. IV S. 585 f. in überzeugender Weise und u. A. auch durch die Erwägung gerechtfertigt wird, daß das Ehescheidungsrecht nicht auf dem Gesichtspunkte einer Bestrafung für den schuldigen Theil beruhe.

Gleichwohl soll — dem Verschuldungsprinzip zu Liebe, — die Scheidung nur dann erfolgen, wenn der andere Ehegatte durch schwere Verletzung der durch die Ehe begründeten Pflichten oder durch ehrloses oder unsittliches Verhalten die Zerrüttung der Ehe verschuldet hat.

Abgesehen von dieser ungerechtfertigten Einschränkung liegt das Bedenkliche des § 1568 darin, daß er — ganz wie Art. 231 Code civil, — eine unbestimmte Menge von Scheidungsgründen umfaßt,[111]) ohne gleichwohl einen festen Anspruch auf Scheidung zu gewähren.

Wann eine Ehe zerrüttet genug ist, um die Scheidung zu rechtfertigen, überläßt das Gesetz dem richterlichen Ermessen.

Von den in Th. II Tit. 1 Preuß. A.L.R. aufgeführten Scheidungsgründen würden dem § 1568 namentlich folgende unterfallen:

1. Umgang mit einer Person des anderen Geschlechtes, welcher die dringende Vermuthung der ehelichen Untreue begründet. § 673 ff.
2. Weigerung der Aufnahme in die Ehewohnung. § 684.
3. Halsstarrige und fortdauernde Versagung der ehelichen Pflicht (sogen. Herzenshärtigkeit). § 694.
4. Freiheitsberaubung, grobe widerrechtliche Ehrenkränkung. §. 700.
5. Muthwillige Thätlichkeiten und Beschimpfungen. § 702.
6. Unverträglichkeit und Zanksucht, durch welche Leben oder Gesundheit gefährdet wird. § 703.
7. Verbrechen und Vergehen bezw. Verurtheilung wegen solcher. § 704 ff.
8. Ergreifung eines schimpflichen Gewerbes. § 707.
9. Trunksucht, Verschwendung, unordentliche Wirthschaft. § 708 ff.
10. Beharrliche Versagung des Unterhalts. § 711 ff.

Aber während nach Preuß. Landrecht der Richter verpflichtet ist, beim Vorhandensein des gesetzlich genau normirten Thatbestandes auf Scheidung zu erkennen, andernfalls die Klage abzuweisen, ist im B.G.B. für keinen dieser Fälle ein fester Anspruch auf Scheidung gewährt.

Ein Beispiel. Das (angeblich religionslose) Preuß. A.L.R. enthält in § 183 II. Tit. 1 den Satz, daß unter Eheleuten Handlungen vermieden werden müssen, welche auch nur den Verdacht einer Verletzung der ehelichen Treue erregen könnten. Folgerichtig erkennt es in § 675 einen derartigen verdächtigen Umgang dann als absoluten

---

[111]) **Ueber die analoge Bestimmung des Code civil art. 231 s. oben Anm. 101.**

Scheidungsgrund an, wenn derselbe richterlichen Verbotes ungeachtet fortgesetzt wird.[112])

Nach dem B.G.B. würde in solchen Fällen, gemäß dem Wortlaute des § 1568, die Klage abgewiesen werden können, ohne daß ein Revisionsgrund vorläge.

Um so mehr wird die Praxis im Interesse einer den Bedürfnissen des Lebens entsprechenden und einheitlichen Handhabung des § 1568 daran festzuhalten haben, daß bei der Erwägung, ob dem Kläger die Fortsetzung der Ehe zugemuthet werden kann, religiöse und konfessionelle Gesichtspunkte vollständig ausgeschlossen sind.

Ist das eheliche Zusammenleben und Zusammenwirken dauernd aufgehoben, unmöglich oder unerträglich gemacht, so kann rechtlich dem Kläger die Fortsetzung der Ehe niemals zugemuthet werden.

Zu bemerken ist noch, daß im Entw. I als Beispiel ehrlosen und unsittlichen Verhaltens die Worte eingeschaltet waren: „insbesondere durch ein nach Schließung der Ehe begangenes entehrendes Verbrechen oder Vergehen".

Diese Worte wurden im Entw. II gestrichen. Es soll weder jedes auf Ehrverlust lautende Urtheil einen Scheidungsgrund abgeben, noch eine bestimmte Dauer der erkannten Freiheitsstrafe maßgebend sein, vielmehr sollen lediglich die Umstände des einzelnen Falles entscheiden.[112a])

Dagegen wurde im Entw. II am Schlusse des Paragraphen beigefügt, daß grobe Mißhandlung als Verletzung der Ehepflichten gelte;[113]) wobei aber wiederum nicht entscheiden soll, ob die Mißhand-

---

[112]) Meine Vertheidigung dieses Scheidungsgrundes als eines absoluten s. in den Verh. des XX. Juristentages II S. 203 ff., 217 und IV S. 386. (Auch Zusammenstellung der gutachtl. Aeuß. IV S. 306.) Das die Ehe zerrüttende Moment ist nicht sowohl der Ehebruch, — denn er geht in den meisten Fällen, weil unentdeckt, spurlos vorüber, — als vielmehr der dem anderen Theile zum Bewußtsein gekommene, als solcher empfundene Treubruch, die Aufhebung des Vertrauens, sich gegenseitig ausschließlich anzugehören, die zur subjektiven Gewißheit gewordene Treulosigkeit. — Auch sind diejenigen Ehegatten besonders schutzbedürftig, welche es verschmähen, durch bezahlte Spionage, eigene Nachforschungen und sonstige Mittel sich den Beweis des vollendeten Ehebruches zu sichern.

[112a]) [2] S. Reatz a. a. O. II S. 215 Anm. 3, Prot. IV S. 413. Unzner S. 321 (Anm. 2 zu § 1568).

[113]) Seitens des Vereins Frauenwohl war der Zusatz beantragt: Als schwere Verletzung der Pflichten gilt insbesondere Mißhandlung und grobe Ehrverletzung. S. Lera Proelß und Marie Raschke: Die Frau im neuen bürgerlichen Gesetzbuche, 1895, S. 31. In der Reichstags-Kommission wurde im Interesse

lungen fortgesetzt stattfinden, bezw. ob sie gesundheitsgefährlich sind oder nicht.[114])

Weitere Spezialisirungen der relativen Scheidungsgründe des § 1568 sind in der Reichstags-Kommission mehrfach beantragt, jedoch durchweg abgelehnt worden. Nur wurde konstatirt, daß in der Kommission in einer Beziehung Einstimmigkeit herrsche, daß nämlich zu den Verstößen gegen § 1568, welche den Richter zur Scheidung der Ehe führen könne und müsse, auch gehöre:

> „Die Weigerung der kirchlichen Trauung oder einer bestimmten kirchlichen Trauung, sei es, daß dieselbe vor der staatlichen Eheschließung ausdrücklich versprochen worden, sei es, daß sie als selbstverständlich habe angenommen werden können und angenommen worden sei.“ [115])

Auf diese eigenthümliche Konstatirung kommen wir zu Tit. VIII (am Schlusse) zurück.

Nach § 620 C.P.O. ist übrigens, falls die Scheidung aus § 1568 beantragt ist, eine Aussöhnung der Parteien aber nicht ausgeschlossen erscheint, von Amtswegen Aussetzung des Verfahrens anzuordnen, jedoch nur einmal und auf höchstens zwei Jahre.

Was die in § 1569 zugelassene Scheidung wegen unheilbarer Geisteskrankheit betrifft, so ist sie bis zum letzten Augenblicke Gegenstand heftigen Kampfes gewesen. Sie ist geltendes Recht in Preußen, im Königreich Sachsen, in Baden und den meisten gemeinrechtlichen Gebieten.[116]) Auch konnte ihre Zulassung nicht zweifelhaft sein, wenn

---

der Frauen, welche in der Regel der leidende Theil seien, der Antrag gestellt, eine das Leben gefährdende Behandlung und grobe Mißhandlung neben der Lebensnachstellung durch Aufnahme in § 1566 als absolute Scheidungsgründe anzuerkennen. Der Antrag wurde jedoch abgelehnt. S. Kommissionsbericht Nr. 440b S. 67.

[114]) S. Reatz a. a. O. II S. 125 Anm. 4.

[115]) S. Kommissionsbericht 440b S. 68, 76 ff. Prot. IV S. 414 ff. — Die Auffassung, daß Scheidung aus diesem Grunde erfolgen müsse, wird mit Recht für verfehlt erklärt von Engelmann S. 340 (Anm. 3e zu § 1568). So ist es aber auch nicht gemeint. S. Unzner S. 321 (Anm. 1 zu § 1568). — Sehr streitig ist diese Frage in der französischen Praxis. Dafür, daß die Weigerung unter Code civil art. 231 falle, haben sich zahlreiche französische Schriftsteller erklärt, u. A. Demolombe: Cours de droit 4 S. 397, Thiercelin: Du mariage civil (Paris 1853) S. 150 f. Dagegen Zachariae-Crome a. a. O. S. 101 Anm. 8 und Barazetti a. a. O. S. 636. Keller in Puchelts Zeitschr. IV S. 427 f. macht geltend: das Gesetz, welches kirchliche Trauung überhaupt nicht kennt, könne unmöglich sich selbst für unsittlich erklären. — S. oben Anm. 101 und unten Tit. 8 am Schlusse.

[116]) S. Preuß. A.L.R. § 698 II 1, Sächs. B.G.B. § 1743, Bad. B.G.B. S. 232a. In den gemeinrechtlichen Gebieten theils durch Gesetz, bezw. Gerichts-

man das hier vertheidigte Prinzip der Zweckvereitelung und Unmöglichkeit der Erfüllung angenommen hätte.

Im Entw. I aber hatte man sich bekanntlich für das Verschuldungsprinzip entschieden. Dadurch war Geisteskrankheit als Scheidungsgrund ausgeschlossen.

Nachdem sich indessen die entgegengesetzte Ansicht auf dem XX. Juristentage in Straßburg (1889), sowie in Literatur und Presse als die bei weitem überwiegende herausgestellt hatte,[117]) wurde in Entw. II (§ 1464) und in die Vorlage an den Reichstag (§ 1552) eine dem jetzigen § 1569 gleichlautende Bestimmung aufgenommen.

In der Reichstagskommission wurde diese Bestimmung wiederum gestrichen,[118]) nachdem die Regierungen von Bayern und beiden Mecklenburg sich in diesem Sinne erklärt hatten; dabei blieb es auch in der II. Lesung im Reichstage, wiewohl Preußen, Sachsen und Baden sich für die Aufrechterhaltung der Vorlage erklärten.[119]) Aber in III. Lesung gelangte der Antrag Munckel auf Wiederherstellung der Regierungsvorlage mit 161 gegen 133 Stimmen zur Annahme nach dringender Befürwortung durch die Bundesrathsvertreter für Preußen, Sachsen und Baden.[120])

Damit ist nun freilich das unhaltbare Verschuldungsprinzip durch eine wichtige Ausnahme durchlöchert; aber es ist keineswegs grundsätzlich

---

praxis, theils vermittelst des landesherrlichen Scheidungrechtes. S. Mot. IV S. 564 f., 570 f., 577. Allerdings ist die Anerkennung dieses Scheidungsgrundes nur partikulares Recht. Aber dadurch ist die durchweg ablehnende Haltung des Reichsgerichts (E. 7 S. 154), welche auf dem unhaltbaren Verschuldungsprinzip beruht, nicht gerechtfertigt. Vergl. Seuff., Arch. 40 Nr. 86.

[117]) S. Verhandl. d. XX. Juristentages II S. 107 f., 217 f.; IV. S. 379, 385 ff. und die in der Zusammenstellung der gutachtlichen Aeußerungen IV. S. 287 f. gegebenen Nachweisungen. — S. auch Prot. IV S. 423—429 und Engelmann S. 340 f. (zu § 1569).

[118]) S. Kommissionsbericht Nr. 440b S. 79 f.

[119]) S. Stenograph. Berichte S. 2946 ff.

[120]) S. Stenograph. Berichte S. 3084 f. Der Antragsteller Munckel führte in seiner vortrefflichen Schlußrede den Gegnern namentlich zu Gemüthe, daß im Falle unheilbarer Geisteskrankheit die Ehe bereits durch die Natur, durch göttliche Fügung geschieden sei, es sich auch bei der Scheidung gar nicht darum handle, den Unglücklichen im Stiche oder hülflos zu lassen, sondern nur von dem anderen Theil nicht Aufopferung seines ganzen Lebens und des Schicksals der Kinder zu verlangen, ohne daß dies Opfer für den Geisteskranken irgend einen Nutzen hat oder er auch nur etwas davon weiß.

aufgegeben. Dies zeigt sich namentlich darin, daß nicht aufgenommen sind die in §§ 694, 695, II 1 Preuß. A.L.R. anerkannten Scheidungsgründe, gänzliches und unheilbares (während der Ehe entstandenes) Unvermögen und andere unheilbare körperliche Gebrechen, welche Ekel und Abscheu erregen oder die Erfüllung der Zwecke des Ehestandes gänzlich verhindern.

Nach dem Prinzip der Zweckvereitelung sind diese Scheidungsgründe gleichberechtigt mit der Geisteskrankheit.

Der § 1569 setzt nicht voraus, daß die Geisteskrankheit erst während der Ehe entstanden sei. War aber Geisteskrankheit bereits bei Eingehung der Ehe vorhanden, so kann die Ehe aus diesem Grunde nach § 1325 nichtig oder nach § 1333 anfechtbar sein.

Daß übrigens der Scheidungsgrund der Geisteskrankheit nach der Fassung des § 1569 nichts weniger als absolut, vielmehr höchst relativ ist, wird nicht bezweifelt werden können.[120a]) Denn das Gesetz verlangt nicht nur, daß die Krankheit während der Ehe drei Jahre gedauert hat und einen solchen Grad erreicht hat, daß die geistige Gemeinschaft zwischen den Ehegatten aufgehoben ist; sondern es soll auch jede Aussicht auf Wiederherstellung dieser Gemeinschaft ausgeschlossen sein.

Daß durch diese Bedingung der Scheidungsanspruch unter Umständen geradezu illusorisch werden kann, darauf ist schon in der Reichstags-Kommission (Bericht Nr. 440b S. 79 f.) hingewiesen worden. — Denn es würde hiernach ein Richter, welcher diesen Scheidungsgrund überhaupt nicht billigt, selbst im Falle thierischen Blödsinnes nicht gehindert sein zu sagen: Bei Gott ist kein Ding unmöglich, also weise ich ab.

M. E. sollte nicht mehr verlangt werden, als daß die geistige Gemeinschaft dauernd aufgehoben und keine begründete Aussicht auf Besserung vorhanden ist.[120b]) — Auch bei der Todeserklärung Ver-

---

[120a]) [2] Eine Begriffsbestimmung der Geisteskrankheit, — im Gegensatze zu Geistesschwäche §§ 104, 114 B.G.B., § 645 C.P.O. — ist nicht gegeben. Die Bestimmung bleibt der medizinischen Wissenschaft überlassen.

[120b]) [2] S. jetzt Engelmann S. 341 (Anm. 2[b] zu § 1569). Unzner S. 332 (Anm. 3[b, c] zu § 1569) formulirt die gesetzliche Voraussetzung dahin, es dürfe nicht blos keine Hoffnung mehr bestehen, daß der Ehegatte wieder geistig gesund werde, sondern es müsse auch jede Aussicht fehlen, daß er auch nur das Bewußtsein der ehelichen Gemeinschaft wiedererlange. — Indessen solle durch lichte Zwischenräume die Scheidung doch nicht ausgeschlossen sein — Nach § 623 C.P.O. darf der Richter nicht auf Scheidung wegen Geisteskrankheit erkennen, ohne vorher einen oder mehrere Sachverständige über den Geisteszustand gehört zu haben.

schollener kann man bekanntlich nicht warten, bis jede Möglichkeit der lebendigen Rückkehr ausgeschlossen ist. Die Noth des Lebens zwingt vielmehr zu rascherer Lösung. Ebenso hier.

Als eine fühlbare Lücke im Gesetzbuche wird sich voraussichtlich herausstellen die Nichtaufnahme der Scheidung auf übereinstimmenden Antrag (ex consensu) wegen unüberwindlicher Abneigung. Sie ist zur Zeit geltendes Recht im Gebiete des Preußischen Landrechtes; in zahlreichen anderen Gebieten findet sie auf Grund des landesherrlichen Scheidungsrechtes statt.[121]) Die Frauenbewegung ist für die Aufnahme dieses Scheidungsgrundes energisch eingetreten;[122]) die in der Reichstags-Kommission und im Reichstage selbst in dieser Richtung gestellten Anträge[123]) sind aber abgelehnt worden.

Es wurde geltend gemacht, die freiwilligen Scheidungen in Preußen erregten fortdauernd großes Aergerniß. Dieses Aergerniß besteht aber lediglich in der Einbildung; in den Kreisen des Volkes ist davon nichts zu spüren und von den Betheiligten wird die Zulassung dieses Scheidungsgrundes als ein Segen empfunden.

Alle diejenigen, welchen, wie dem Verfasser, eine langjährige Praxis als Richter und Anwalt zur Seite steht, werden in dieser Beziehung wie folgt Zeugniß ablegen:

---

[121]) Mot. IV S. 577 f. Gegen die Nichtberücksichtigung dieses Scheidungsgrundes s. Max Hermann Cohen: Die Ehescheidung auf Grund gegenseitiger Einwilligung und ihre Nichtberücksichtigung im Entwurf eines B.G.B. (Hamburg 1896). Ueber die Natur des landesherrlichen Scheidungsrechtes und dessen Fortdauer trotz des R.-Civilstandsges. s. namentlich A. Stölzel, Ueber das landesherrliche Ehescheidungsrecht (Berlin 1891).

[122]) S. z. B. Sera Proelß und Marie Raschke: Die Frau im neuen B.G.B. 1895 S. 30. — Das Interesse der gebildeten Frauen gerade für diesen Ehescheidungsgrund ist sehr erklärlich und gerechtfertigt, weil er das einzige Mittel ist, in anständiger Weise geschieden zu werden. In allen anderen Fällen sind das Zartgefühl verletzende Beweisaufnahmen erforderlich, wenn auch das Gericht die Ueberzeugung der Unerträglichkeit des ehelichen Zustandes längst gewonnen hat.

[123]) Die Anträge gingen dahin: 1. Scheidung auf Grund der Einwilligung beider Ehegatten bei kinderlosen Ehen dann zuzulassen, wenn die eheliche Gemeinschaft seit mindestens Jahresfrist nicht mehr besteht. 2. Event. wenn festgestellt ist, daß weder Leichtsinn noch Uebereilung, noch heimlicher Zwang vorliegt (wie § 716 II 1. Preuß. ALR.) S. Kommissionsbericht Nr. 440b S. 62, 78 f., Stenogr. Berichte 2943 f. Uebrigens sind gerade in den Mot. IV S. 567 überzeugende Gründe für die Beibehaltung dieses Scheidungsgrundes beigebracht. S. auch Verhandl. d. XX. Juristentages II S. 201 f., 218, die Zusammenstellung der gutachtlichen Aeußerungen IV S. 272 ff. und Prot. IV S. 420 ff.

1. Die Vorstellung, daß die Scheidung aus Willkür, blos weil sie verlangt wird erfolge, ist, — wie schon früher (Anm. 105) bemerkt, — eine grundfalsche. Zunächst wird vielmehr durch Anführung von Thatsachen dem Gerichte die Ueberzeugung verschafft, daß unüberwindliche Abneigung vorliegt. Das Einverständniß des Beklagten mit der Scheidung dient nur dazu, diese Thatsache außer Zweifel zu stellen.
2. Die Personen, welche Scheidung aus diesem Grunde nachsuchen, gehören überwiegend den höheren bezw. höchsten Ständen an, der Aristokratie, dem hohen Beamtenthum, der hohen Finanz. Diese Nächstbetheiligten legen begreiflicherweise Werth darauf, daß die unvermeidlich gewordene Scheidung in möglichst anständiger Weise herbeigeführt werde. Es liegen fast immer gesetzlich anerkannte Scheidungsgründe schlimmer Art vor, — Ehebruch, nicht angezeigte Vergehen oder Verbrechen u. dergl., — welche aber nicht geltend gemacht werden sollen, um eine Beweisaufnahme zu vermeiden, um sich, die Familie und die Standesgenossen nicht der Skandalsucht der Winkelpresse und des großen Publikums preisgegeben zu sehen. In der That ist mit dem öffentlichen Skandal keinem berechtigten Interesse gedient.

Hiernach erscheint die Nichtaufnahme dieses Scheidungsgrundes als eine bedauerliche Lücke.

In § 77 des Reichs-Civilstandsgesetzes ist bestimmt: „Wenn nach dem bisherigen Rechte auf beständige Trennung der Ehegatten von Tisch und Bette zu erkennen sein würde, ist fortan die Auflösung des Bandes der Ehe auszusprechen.“ Demgemäß war auch den Entwürfen das Institut der beständigen Trennung unbekannt. — Die Mot. IV S. 562 bezeichnen die separatio perpetua als eine materiell vollständige Aufhebung der Lebensgemeinschaft, bei welcher die Unauflösbarkeit der Ehe nur der Form nach gewahrt wird. Sie stellen es mit Recht als unzweifelhaft hin, daß die dadurch gegebene Möglichkeit der Wiedervereinigung weit überwogen werde durch die Nachtheile und Gefahren, welche das Verbot der Wiederverheirathung für den Hausstand, für die Nahrungsverhältnisse, für die Erziehung der Kinder und für die Sittlichkeit mit sich bringt.

Die Trennung auf Zeit (höchstens zwei Jahre) sollte nach dem Entw. I als Folge der relativen Scheidungsgründe in der Regel eintreten, sie wurde aber im Entw. II bereits wieder beseitigt. (S. oben Anm. 110.) Dagegen machte das Zentrum in II. Lesung den Versuch, eine Berücksichtigung des konfessionellen Standpunktes durchzusetzen, und zwar in Anknüpfung an § 1769 des Sächs. B.G.B., welcher die Bestimmung enthält,

> daß eine Scheidung für den katholischen Theil als Trennung von Tisch und Bette auf Lebenszeit gilt, daß dagegen für den evangelischen Theil die Trennung auf Lebenszeit als Scheidung gilt.

Die in dieser Richtung in II. Lesung gestellten Anträge wurden indessen mit großer Majorität abgelehnt.[124]) Die entscheidenden Gründe waren: Es sei unzulässig, das Recht einer einzelnen Konfession zum Bestandtheile des allgemeinen bürgerlichen Rechtes zu machen. Bei Annahme der Anträge würde der Erfolg eintreten, daß die Angehörigen der katholischen Konfession durch das bürgerliche Recht genöthigt werden, sich den kirchlichen Vorschriften zu unterwerfen. Dies sei nicht Sache des Staates, der im Gegentheil die Freiheit der Entschließung für den Einzelnen zum Ausgangspunkte zu nehmen habe.

Uebrigens erhalte die Trennung auf Lebenszeit nicht die eheliche Gemeinschaft aufrecht, sondern nur das Sakramentsdogma; mit diesem habe aber die bürgerliche Gesetzgebung nicht zu rechnen.

Ungeachtet dieser Ablehnung wurden die Anträge auf Zulassung beständiger Trennung neben der Scheidung in der Reichstags-Kommission wiederholt;[125]) jedoch nunmehr ohne ausdrückliche Hervorhebung der Konfession in der Gestalt:

> daß jeder Ehegatte befugt sein solle, statt auf Scheidung, auf Aufhebung der ehelichen Gemeinschaft zu klagen, daß aber auf Verlangen des Beklagten statt dessen auf Scheidung erkannt werden müsse. Auch könne auf Grund eines die Aufhebung der ehelichen Gemeinschaft aussprechenden Urtheiles die Scheidung beantragt werden, falls nicht inzwischen die eheliche Gemeinschaft wieder hergestellt ist.

---

[124]) S. Reatz a. a. O. II S. 118 ff. Prot. IV S. 391—394.

[125]) S. den Kommissionsbericht Nr. 440b S. 84 ff. und vergl. die Stenogr. Berichte S. 2969, 3091.

Aus diesen in der Reichstags-Kommission angenommenen, in II. und III. Lesung des Reichstages selbst unbeanstandet gebliebenen Anträgen sind die §§ 1575, 1576 hervorgegangen.

Unleugbar liegt in ihnen ein bedeutender Rückschritt, ein Aufgeben des durch den § 77 des Reichs-Civilstandsgesetzes hergestellten einheitlichen Rechtszustandes, wie auch in der Reichstags-Kommission hervorgehoben worden ist.[126])

Man sah sich aber aus taktischen Gründen veranlaßt, dem Centrum entgegenzukommen und tröstete sich damit, daß im Rheinlande, wo dieser Rechtszustand bis 1875 auf Grund des Code civil geherrscht hatte, keine Beschwerden hervorgetreten seien.

Der Grundgedanke ist, es soll verhütet werden, daß trotz Vorliegen eines Scheidungsgrundes ein Ehegatte den andern gegen dessen Willen am Bande der Ehe festhalten kann. Deshalb ist dem Beklagten das Recht gegeben, in jeder Lage des Verfahrens (ohne Widerklage) auf Scheidung anzutragen.

Die Wirkungen des die eheliche Gemeinschaft aufhebenden Urtheiles sind in §§ 1586, 1587 näher bestimmt.[126a]) Sie ergeben sich daraus, daß die Ehe dem Bande nach fortbesteht. Dadurch ist einerseits die Eingehung einer neuen Ehe ausgeschlossen, andererseits die Möglichkeit gegeben, daß die Gemeinschaft wieder hergestellt wird.

Nach Art. 17 Abs. 1 und 2 des Einf.-Ges. sind für die Scheidung der Ehe maßgebend die Gesetze des Staates, dem der Ehemann zur Zeit der Klage angehört. Thatsachen aber, die sich ereignet haben,

---

[126]) Möglicherweise hat die Bestimmung den von den Antragstellern nicht gewünschten Erfolg, daß Angehörige ihrer eigenen Konfession freiwillig die Scheidung vorziehen.

[126a]) [2] Die Voraussetzungen der Klage sind die gleichen, wie die der Scheidungsklage. Beide stehen auch in prozessualer Beziehung als Ehesachen (§§ 606 ff. C.P.O.) einander gleich. — Der in § 1586 B.G.B. gebrauchte Ausdruck, daß, wenn auf Aufhebung der ehelichen Gemeinschaft erkannt wird „die mit der Scheidung verbundenen Wirkungen" eintreten, trifft nur zu hinsichtlich der vermögensrechtlichen Auseinandersetzung § 1478, der Unterhaltspflicht §§ 1608 Abs. 2, 1609 Abs. 2 und der Sorge für die Kinder § 1635. Anders Unzner S. 338 (Anm. 2 u. 3 zu § 1586). Er führt aus, mit der Aufhebung der Gemeinschaft trete die Auflösung der Ehe ein; mithin fänden in diesem Falle auch alle Vorschriften betr. die Auflösung der Ehe Anwendung.

während der Ehemann einem anderen Staate angehörte, können nur dann als Scheidungsgrund geltend gemacht werden, wenn sie auch nach dem Rechte dieses anderen Staates Scheidungs- oder Trennungsgrund waren. Nach Abs. 3 gilt, — wie im Art. 13, — zu Gunsten der deutschen Ehefrau eine Ausnahmebestimmung, daß nämlich die deutschen Gesetze auch dann zur Anwendung kommen, wenn die Reichsangehörigkeit des Mannes zur Zeit der Klageanstellung erloschen war. (Vergl. Art. 29). Ferner kann nach Abs. 4 auf Scheidung oder Aufhebung der ehelichen Gemeinschaft im Inlande auf Grund ausländischen Gesetzes nur dann erkannt werden, wenn sowohl nach den ausländischen als nach den deutschen Gesetzen Scheidung zulässig sein würde.

Der im Art. 17 Abs. 2 ausgesprochene Grundsatz kann sich übrigens nach Art. 27 bezw. Art. 30 modifiziren durch Rückverweisung bezw. durch zwingendes Inlandsrecht.[126b])

Durch Abs. 2 wird verhindert, daß mit Umgehung der Gesetze des Heimathsstaates eine Scheidung ermöglicht werde durch Verlegung des Wohnsitzes in ein anderes Rechtsgebiet, — was das Reichsgericht E. 16 S. 138 f. zugelassen hatte.

Nach Abs. 4 endlich würde der deutsche Richter auf Aufhebung der ehelichen Gemeinschaft nur dann erkennen können, wenn auch nach den maßgebenden ausländischen Rechten Scheidung oder Trennung zulässig und begründet ist.[126c])

Uebrigens gelten die Collisionsnormen des Art. 17 nicht nur für die Voraussetzungen, sondern auch für die Wirkungen der Ehescheidung.[126d])

Bestimmungen über die Zuständigkeit der inländischen Gerichte in Ehesachen und über die Anerkennung ausländischer Scheidungsurtheile im Inlande enthalten § 606 bezw. § 328 C.P.O. In letzterer Beziehung ist Verbürgung der Gegenseitigkeit nicht erforderlich.

126b) [2] Ist im Inlande auf Grund ausländischen Rechtes Klage auf zeitweilige Trennung von Tisch und Bette erhoben worden, so kann darauf nicht erkannt werden, weil dieses Institut dem B.G.B. unbekannt ist. S. Fischer und Henle, Kommentar Anm. 3 zu Art. 17 und ausführlich Niedner S. 46 (Anm. 2b zu Art. 17). Der Vorsitzende wird den Kläger gemäß § 139 C.P.O. veranlassen, den Antrag auf Aufhebung der ehelichen Gemeinschaft zu richten.

126c) [2] S. Niedner S. 48 (Anm. 2 zu Art. 17).

126d) [2] S. Niedner S. 49 (Anm. 3 zu Art. 17).

Für die Uebergangszeit bestimmt das Einführungsgesetz.

Art. 201: „Die Scheidung und die Aufhebung der ehelichen Gemeinschaft erfolgen von dem Inkrafttreten des B.G.B. an nach dessen Vorschriften."

„Hat sich ein Ehegatte vor dem Inkrafttreten des B.G.B. einer Verfehlung der in den §§ 1565 bis 1568 des B.G.B. bezeichneten Art schuldig gemacht, so kann auf Scheidung oder auf Aufhebung der ehelichen Gemeinschaft nur erkannt werden, wenn die Verfehlung auch nach den bisherigen Gesetzen ein Scheidungsgrund oder ein Trennungsgrund war."[126e])

Art. 202: „Für die Wirkungen einer beständigen oder zeitweiligen Trennung von Tisch und Bette, auf welche vor dem Inkrafttreten des B.G.B. erkannt worden ist, bleiben die bisherigen Gesetze maßgebend. Dies gilt insbesondere auch von den Vorschriften, nach denen eine bis zu dem Tode eines der Ehegatten fortbestehende Trennung in allen oder einzelnen Beziehungen der Auflösung der Ehe gleich steht."

Ein Trennungsgrund im Sinne des Art. 201 Abs. 2 liegt auch dann vor, wenn nach altem Rechte nur auf zeitweilige Trennung hätte erkannt werden können. Im Gebiete des Französischen und des Badischen Rechtes kann auf Grund eines vor dem 1. Januar 1900 begangenen Ehebruches des Mannes nur dann geschieden werden, wenn der Thatbestand des art. 230 Code civil vorliegt. [S. oben S. 88 Anm. 100.]

Wird ein im Sinne des § 1568 ehrloses oder unsittliches Verhalten unter dem neuen Rechte fortgesetzt, so findet lediglich das neue Recht Anwendung. In solchem Falle kommt Art. 201 Abs. 2 nicht in Betracht.

Das B.G.B. kennt keine Kompensation der Ehescheidungsgründe. Nach dem 1. Januar 1900 erfolgt also die Scheidung wegen Ehebruches auch dann, wenn dem Kläger nachgewiesen ist, daß er ebenfalls — vor oder nach dem genannten Tage — Ehebruch begangen hat.[126f])

126e) [2] Die Gleichstellung des bisherigen Trennungsgrundes mit dem neuen Scheidungsgrunde ist erfolgt mit Rücksicht auf solche Länder, in denen, wie z. B. in Bayern, bisher die zeitweilige Trennung Regel war, die Scheidung nur bei Ehebruch stattfand. S. Niedner S. 319.

126f) [2] S. Habicht S. 406.

Die Scheidung erfolgt durch Urtheil, d. h. durch Richterspruch im Prozeßverfahren. Vom 1. Januar 1900 ab ist Scheidung im Verordnungswege ausgeschlossen in Folge der Beseitigung des landesherrlichen Ehescheidungsrechtes. [S. oben S. 81 Anm. 84.]

Art. 201 des Einf.Ges. findet Anwendung auf die in der ersten oder in der Berufungsinstanz anhängigen Prozesse. Die Klage kann also, wenn in der Berufungsinstanz nach dem 1. Januar 1900 zu erkennen ist, nicht mehr auf Grund der Kompensation mit einem vom Kläger begangenen Ehebruche abgewiesen werden.

Es kann unter der Herrschaft des neuen Rechtes nicht mehr auf eine Ehescheidungsstrafe oder auf Trennung von Tisch und Bette erkannt werden. Die Anträge sind nöthigenfalls noch in der Berufungsinstanz dem neuen nunmehr geltenden Rechte gemäß zu ändern. § 525 C.P.O.

Ist dagegen das Berufungsurtheil unter dem alten Rechte ergangen, so hat der Revisionsrichter nur zu prüfen, ob eine Verletzung des alten Rechtes vorliegt. Wird auf Grund dieser Prüfung das Berufungsurtheil aufgehoben, so kann der nunmehr — sei es vom Revisionsrichter selbst, sei es von der Vorinstanz — zu treffenden anderweitigen Entscheidung nach Art. 201 Abs. 1 auch nur das nunmehr geltende neue Recht zu Grunde gelegt werden.[126g])

Wird eine nach dem 1. Januar 1900 angestellte Ehescheidungsklage auf Thatsachen gestützt, welche sich vor dem genannten Tage zugetragen haben und zwar entweder in einem ausländischen oder in einem anderen deutschen Staate, so fragt sich, was unter den „bisherigen Gesetzen“ zu verstehen ist, die nach Art. 201 Abs. 2 berücksichtigt werden müssen. Im ersteren Falle sind Art. 17, 27 Einf.Ges. maßgebend, mithin in der Regel die Gesetze des Staates, dem der Ehemann zur Zeit der Klageerhebung angehört; im letzteren Falle die für das angegangene Gericht nach dem alten Rechte maßgebenden Gesetze.[126h])

Nach Art. 202 des Einf.=Ges. bleiben hinsichtlich der Wirkungen einer früher erkannten Separation die bisherigen Gesetze maßgebend.[126i])

Im neuen Rechte tritt an Stelle der zeitweiligen Trennung das Recht des Prozeßrichters, gemäß § 620 C.P.O. das Verfahren von

[126g]) [2] S. §§ 564, 565 C.P.O. S. Habicht S. 409 f.

[126h]) [2] S. Habicht S. 408 f.

[126i]) [2] Näheres hierüber bei Habicht S. 413 f. S. auch Niedner S. 321.

Amtswegen auf höchstens zwei Jahre auszusetzen. — Damit nicht zu verwechseln sind die einstweiligen Verfügungen § 627 C.P.O., durch welche auf Antrag das Getrenntleben während des Prozesses gestattet werden kann, — und zwar nicht nur, wenn auf Scheidung, sondern auch wenn auf Nichtigkeitserklärung geklagt ist.

IV. Näher begrenzt wird das Scheidungsrecht durch die Bestimmungen in §§ 1570—1573.

Nach diesen Paragraphen erlischt das Recht auf Scheidung durch Verzeihung[127]) und unterliegt die Scheidungsklage einer zehnjährigen Ausschlußfrist vom Eintritte des Scheidungsgrundes ab.

Außerdem ist die Klage an eine sechsmonatliche Frist vom Tage der erlangten Kenntniß des Scheidungsgrundes und an eine dreimonatliche Frist nach Beendigung des Sühneverfahrens gebunden.

Die Fristen laufen nicht, solange die häusliche Gemeinschaft aufgehoben ist.[127a]) Wird aber der zur Klage berechtigte Ehegatte von dem anderen Ehegatten aufgefordert, entweder die häusliche Gemeinschaft herzustellen oder Klage zu erheben, so laufen die Fristen vom Tage der Aufforderung an (§ 1571 Abs. 2).

---

[127]) In Betreff des Verlustes des Scheidungsrechtes durch Verzeihung vergl. Preuß. A.L.R. II 1 §§ 720—722, Sächs. B.G.B. 1737, 1744. — [2] Die ausdrücklich ausgesprochene Verzeihung ist Rechtsgeschäft (Verzicht). Es genügt aber als Verzeihung auch ein blos thatsächliches Verhalten mit Kenntniß der die Scheidung begründenden Thatsachen (sogen. stillschweigende Willenserklärung), welches, ohne Rechtsgeschäft zu sein, gesetzlich die Wirkungen eines solchen hat, weil es als Verzicht gilt. — Hiernach ist der Ausspruch von Engelmann S. 341, daß die Verzeihung kein Rechtsgeschäft sei, dahin einzuschränken, daß sie nicht Rechtsgeschäft zu sein, überhaupt nicht erklärt zu werden braucht. S. Oertmann, Kommentar zum Rechte der Schuldverhältnisse S. 252 (Anm. 1 zu § 532). Unzner S. 323 (Anm. 1 zu § 1570) sagt, die Verzeihung sei kein Rechtsgeschäft, sondern ein sittlicher Act. Damit ist gemeint, daß das Gesetz die Wirkung der Verzeihung (des Verzichts) knüpft an jedes thatsächliche Verhalten, dem gegenüber die Geltendmachung des Scheidungsanspruchs als unsittlich erscheinen würde. — Die ausdrückliche Verzeihung erfolgt nicht selten unter Bedingung oder Vorbehalt. Daß dadurch die Verzeihung überhaupt unwirksam würde, ist im Gesetze nicht ausgesprochen. — Unerheblich ist die auf bloßen inneren Vorbehalt gestützte Replik, daß die Verzeihung nicht ernstlich gemeint gewesen sei. R.G.E. 37 S. 346 f.

[127a]) [2] Mit Rücksicht auf den häufigen Fall, daß der unschuldige Ehegatte sich einstweilen mit thatsächlicher Trennung begnügt und nicht vom Gesetze genöthigt werden soll, die Scheidungsklage anzustellen. — Durch § 1571 Abs. 2 ist dem anderen Theile das Mittel gegeben, der Ungewißheit ein Ende zu machen. S. Unzner S. 324 (Anm. 2 zu § 1571).

Wird die Klage zurückgenommen oder in der angebrachten Art abgewiesen, so hat ihre Erhebung keinen Einfluß auf den Lauf der Fristen. (§ 271 Abs. 3 C.P.O.)

Der Termin zur mündlichen Verhandlung über die Scheidungsklage darf übrigens nicht anberaumt werden, ehe den Vorschriften §§ 608 ff. C.P.O. über den Sühnetermin genügt ist. Die Ladung zu diesem Sühnetermin steht der Klageerhebung gleich.[127b]) — Die Fristen von sechs bezw. drei Monaten sind zwar von Amtswegen zu berücksichtigende Ausschlußfristen; sie unterliegen indessen den Grundsätzen über Hemmung der Verjährung durch Stillstand der Rechtspflege oder höhere Gewalt (§ 203) bezw. über Verjährung gegenüber nicht voll geschäftsfähigen Personen (§ 206). Die zehnjährige Frist ist reine Ausschlußfrist.

Obige Vorschriften finden keine Anwendung auf den Fall der Scheidung wegen Geisteskrankheit. Prot. IV S. 429.

Dagegen gilt allgemein, daß Scheidungsgründe auch nach Ablauf obiger Fristen im Laufe des Rechtsstreites geltend gemacht werden können, sofern die Fristen zur Zeit der Klageerhebung noch nicht verstrichen waren (§ 1572).[127c])

Es beruht dies auf der Anschauung, daß die zunächst auf einen bestimmten Scheidungsgrund gestützte Klage gleichwohl das eheliche Verhältniß in seiner Gesammtheit zum Gegenstande des Prozesses und der Entscheidung macht. — Dadurch soll eine Häufung von Ehescheidungsprozessen vermieden und es soll dem Kläger ermöglicht werden, schwer zu beweisende oder skandalöse Ehescheidungsgründe vorläufig zu verschweigen.

Kann aber eine Thatsache als selbstständiger Scheidungsgrund wegen Verzeihung oder Fristablaufes nicht mehr verwerthet werden, so kann man sie immer noch geltend machen zur Unterstützung des anderweitig begründeten Scheidungsantrages (§ 1573). — Es kann z. B. zur Unterstützung einer auf unsittliches Verhalten (§ 1568) gegründeten Klage angeführt werden, Beklagter habe früher schon wiederholter Untreue sich schuldig gemacht, welche ihm, weil er jedesmal Besserung gelobt, immer wieder verziehen worden sei (R.G.E. 28 S. 384).

[127b]) [2] Dieser früher in § 571 (jetzt § 609) C.P.O. enthaltene Satz ist dort gestrichen.

Für die Uebergangszeit ist zwischen der zehnjährigen Frist einerseits, den sechsmonatlichen und dreimonatlichen Fristen andererseits zu unterscheiden. Da die zehnjährige reine Ausschlußfrist ist, so erlischt das Recht aus vor dem 1. Januar 1890 zurückliegenden Scheidungsgründen mit ihrem Ablaufe — also mit dem 1. Januar 1900 — ohne Weiteres, wenn auch das bisherige Recht keine oder nur eine längere Frist kannte.

Dagegen findet auf die den Verjährungsgrundsätzen §§ 203, 206 unterliegenden kurzen Fristen der Art. 169 des Einf.Ges. sinngemäße Anwendung. Es beginnt also z. B. gegenüber der einjährigen Frist des § 721 II 1 Preuß. A.L.R. die sechsmonatliche Frist des B.G.B. erst mit dem 1. Januar 1900, wenn nicht erstere schon vorher abgelaufen war.

War freilich schon unter dem alten Rechte Klage angestellt, so steht deren Durchführung der Ablauf der zehnjährigen Frist nicht entgegen.[127c])

V. Die Schuldfrage und die Wirkungen der Entscheidung über die Schuldfrage betreffen die §§ 1574 und 1577—1585.

Die Schuldfrage, zur Zeit der Privatscheidung Hauptgegenstand des Verfahrens, ist jetzt nur noch ein Nebenpunkt. In dem auf Scheidung lautenden Urtheile ist zugleich auszusprechen, daß Beklagter die Schuld an der Scheidung trägt.

Auf Antrag des Beklagten können geeigneten Falles auch beide Ehegatten für schuldig erklärt werden. Der Beklagte kann diesen Antrag stellen auch ohne Widerklage zu erheben. Es soll vermieden werden, ihn zur Erhebung der Widerklage zu nöthigen. (Mot. IV S. 607 ff.)

Die Schuldigerklärung zieht aber weder ein Verbot der Wiederverheirathung noch Ehescheidungsstrafen nach sich.[128])

[127c]) [²] S. hierüber ausführlich Habicht S. 406 f. Vergl. auch Riedner S. 320 (Anm. 4 zu Art. 201).

[128]) Es ist angenommen, daß eine vermögensrechtliche Abfindung des unschuldigen Ehegatten wegen alles dessen, was ihm in Folge der Scheidung entgeht, dem Wesen der Ehe widerstreite. Deshalb gewährt im Gegensatze zum gemeinen Rechte und zum Preuß. A.L.R. II 1. § 783 ff, dagegen in Uebereinstimmung mit Code civil art. 299 ff. und Sächs. B.G.B. § 1750 das B.G.B. dem unschuldigen Ehegatten nur Unterhaltsanspruch und die Befugniß zum Widerrufe der Schenkungen

Ihre Wirkungen beschränkten sich vielmehr auf das Folgende:

1. Während im Allgemeinen die geschiedene Frau die Wahl hat, den Familiennamen des Mannes zu behalten oder den Familiennamen, welchen sie vor Eingehung dieser Ehe hatte, wieder anzunehmen, kann der für allein schuldig erklärten Frau die Führung des Ersteren vom Manne untersagt werden. Es bedarf dazu einer in beglaubigter Form abzugebenden Erklärung gegenüber der Behörde.[129])

2. Der für allein schuldig erklärte Ehegatte und seine Erben haben dem anderen Ehegatten, bis zu einer etwaigen Wiederverheirathung standesgemäßen Unterhalt zu gewähren, wie wenn die Ehe nicht aufgelöst wäre, „mit den aus der ver-

---

(Mot. IV S. 613 ff., Denkschrift S. 217). [2] S. auch Engelmann S. 348 f. — Der Unterhaltsanspruch ist Nachwirkung der Ehe (§§ 1360, 1368), keine Entschädigung oder Abfindung. Die Beseitigung der Abfindung durch Ehescheidungsstrafe ist eine Maßregel, deren Ungerechtigkeit gegenüber den Frauen durch ethische Gesichtspunkte nicht entschuldigt werden kann, wie Jastrow, Das Recht der Frau S. 146 f. zutreffend ausgeführt hat. Liegt nämlich der oben in Anm. 7 erörterte Fall vor, daß die Eheleute einen Erwerb blos mit ihrer Hände Arbeit begonnen und es zu Wohlstand gebracht haben, so ist von Rechts wegen der Mann allein reich geworden, die Frau ist so arm geblieben wie zuvor. — Wäre die Errungenschaftsgemeinschaft gesetzlicher Güterstand, so hätte sie die Hälfte des Erworbenen zu beanspruchen (oben Anm. 7). Nach dem gesetzlichen Güterstande des B.G.B. hat sie dagegen gar keinen Anspruch am Vermögen des geschiedenen Mannes. — Bisher war nun diese ungünstige Lage der Frau wesentlich gemildert durch die im größten Theile von Deutschland bestehenden Ehescheidungsstrafen. Der vollen Gerechtigkeit genügten sie freilich nicht. Denn sie betrugen nur 1/6 bezw. 1/4 des Vermögens des Schuldigen und sie kamen auch nur der für nichtschuldig erklärten Frau zu Gute; die schuldige Frau wurde ohne Weiteres der ganzen Frucht ihrer Arbeit beraubt. — Jetzt hat das B.G.B. die Lage der Frau durch Beseitigung der Ehescheidungsstrafen noch erheblich verschlechtert, ihr damit das einzige Aequivalent für ihre Mühewaltung in einer gestörten Ehe genommen, welches ihr nach Trennung derselben noch übrig blieb.

[129]) Die in zweiter Ehe als allein schuldig geschiedene Frau darf den Namen ihres ersten Mannes nicht wieder annehmen. Die Namensführung der Frau ist geregelt im Anschlusse an Preuß. A.L.R II 1. § 741 f. und Badisches L.R. Satz 299 a. [2] Hat der Mann der für allein schuldig erklärten Frau die Fortführung seines Namens untersagt, so kann er nöthigenfalls nach § 12 B.G.B. auf Unterlassung klagen. Aus dem Urtheile findet Zwangsvollstreckung nach § 890 C.P.O. statt. Uebrigens kann der Mann der Frau nicht verbieten, sich seines Namens mit dem Zusatze „geschiedene" — — zu bedienen. Unzner S. 328 (Anm. 1 zu § 1577). — Die Zuständigkeit der Standesbeamten bezw. Amtsgerichte zur Entgegennahme und öffentlichen Beglaubigung der in § 1577 Abs. 2 und 3 bezeichneten Erklärungen über den Familiennamen bestimmen die Ausführungsgesetze. S. Entw. des Preuß. Ausf.Ges. Art. 67 § 1.

änderten Sachlage sich ergebenden Abweichungen" (Denkschrift S. 297). Der Unterhalt wird durch Entrichtung einer Geldrente (§ 760) gewährt, statt deren aus wichtigen Gründen Kapitalabfindung verlangt werden kann. — Obige Abweichungen bestehen im Wesentlichen darin, daß der alleinschuldige Ehegatte berechtigt ist, nach näherer Bestimmung des § 1579 soviel zurückzubehalten, als er selbst bedarf, daß ferner seine Erben die Herabsetzung der Rente auf die Hälfte der Einkünfte des Erblassers gemäß § 1582 verlangen können.

Die Unterhaltspflicht erlischt mit der Wiederverheirathung des Berechtigten. Im Falle der Wiederverheirathung des Verpflichteten kommt der Güterstand der neuen Ehe in Betracht. (§ 1581.) Lebt die für allein schuldig erklärte Frau mit ihrem neuen Manne im gesetzlichen Güterstande, so bleibt bei Beurtheilung ihrer Unterhaltspflicht gegenüber dem früheren Ehemanne das Verwaltungs- und Nutznießrecht des jetzigen Ehemannes außer Betracht. — Besteht in der neuen Ehe allgemeine oder andere Gütergemeinschaft, so wird die Unterhaltspflicht des Wiederverheiratheten gegenüber dem früheren Ehegatten so beurtheilt, als wäre er Alleineigenthümer des Gesammtgutes (§ 1604).[129a])

Dieselbe Unterhaltspflicht, wie der für allein schuldig erklärte Ehegatte, hat der, auf dessen Antrag die Ehe wegen Geisteskrankheit geschieden ist. § 1583.

Es liegt dabei die Erwägung zu Grunde, daß der jetzt geisteskranke Ehegatte dem anderen Zeit und Arbeit geopfert und auf Fortdauer der Ehe bis zum Tode gerechnet habe. Daher dürfe man ihn des Unterhaltsanspruches nicht berauben, ihn nicht etwa der öffentlichen Armenpflege anheim fallen lassen.[130])

3. Der unschuldige Ehegatte kann die dem für allein schuldig erklärten Ehegatten während des Brautstandes und der Ehe gemachten Schenkungen widerrufen, jedoch nur so lange beide leben und binnen Jahresfrist seit Rechtskraft des Scheidungsurtheiles (§ 1584).

Besondere Bestimmungen über den Unterhalt gemeinschaftlicher Kinder aus geschiedenen Ehen enthalten die §§ 1585, 1635, 1352.

[129a]) [2] Näheres über den Unterhaltsanspruch bei Unzner S. 329 ff. — Dieser Anspruch ist nicht Ehesache im Sinne des § 606 C.P.O., d. h. hinsichtlich des Prozeßverfahrens. — Das Verhältniß der Unterhaltspflicht des geschiedenen Ehegatten zu derjenigen der Verwandten ist in §§ 1608, 1609 geregelt.

[130]) S. Reatz, Zweite Lesung II S. 132 Anm. 8. Prot. IV S. 532. — Sächs. B.G.B. § 1751.

Wie schon erwähnt, bezieht sich die oben S. 104f. besprochene Collisionsnorm Art. 17 Einf.Ges. auch auf die Wirkungen der Ehescheidung, also namentlich auf das Namenrecht § 1577, auf die Unterhaltspflicht §§ 1578—1583, auf den Widerruf der Schenkungen § 1584. Dagegen ist für die vermögensrechtliche Auseinandersetzung die für das Güterrecht gegebene Norm des Art. 15 des Einf.Ges. maßgebend.[130a])

Für die Uebergangszeit kommt § 170 des Einf.Ges. in Betracht, nach welchem für ein vor dem Inkrafttreten des B.G.B. entstandenes Schuldverhältniß die bisherigen Gesetze maßgebend bleiben. Er findet hier Anwendung insofern, als es sich um den — für die Zukunft durch das B.G.B. beseitigten — Anspruch auf Ehescheidungsstrafe handelt.

Dieser Anspruch entspringt aber nicht etwa aus dem Vorhandensein eines Ehescheidungsgrundes, sondern aus dem auf Scheidung lautenden Urtheile. Ist also die demnächst rechtskräftig gewordene Verurtheilung unter dem alten Rechte erfolgt, so ist damit dem Unschuldigen der Abfindungsanspruch in Gemäßheit des alten Rechtes erworben; — also nach §§ 783 ff., 798 II, 1 Preuß. A.L.R. auch mit der Befugniß der für nicht schuldig erklärten Ehefrau, statt der Abfindung standesmäßige Verpflegung auf Lebenszeit zu wählen.[130b])

Gleiches gilt auch von den sonstigen Wirkungen der Ehescheidung, wie dem Namenrechte, dem Widerruf der Schenkungen, der Unterhaltspflicht. Die Frage namentlich, in wiefern der Ehemann der für schuldig erklärten Ehefrau die Fortführung seines Namens untersagen, die geschiedene Frau ihren Familiennamen wieder annehmen kann (§ 1577 B.G.B.), entscheidet sich nach demjenigen Rechte, unter dem die Ehescheidung ausgesprochen worden ist. — Was dagegen die Vermögensauseinandersetzung unter den geschiedenen Eheleuten betrifft, so ist dieselbe eine Nachwirkung des Güterstandes, welcher beim Inkrafttreten des B.G.B. unter den Eheleuten bestand. Es bleiben also, wie für diesen, so auch für die folgende Auseinandersetzung nach Art. 200 Einf.Ges. die bisherigen Gesetze maßgebend, — wenn auch die Ehescheidung selbst erst unter dem neuen Rechte erfolgt. Es werden mithin auch die im alten Rechte bei

---

130a) [2] S. Niedner S. 48f. (Anm. 4 zu Art. 17).

130b) [2] S. Habicht S. 410f., 413.

dieser Auseinandersetzung dem unschuldigen Theile etwa gewährten besonderen Bevorzugungen in Kraft bleiben.[130c)]

Hat sich sonach die Reichsgesetzgebung des unmittelbaren Eingreifens in den Güterstand der bestehenden Ehen enthalten, so glaubte man doch andererseits der Landesgesetzgebung die Entscheidung überlassen zu müssen, inwieweit es angängig sei, an Stelle der bisherigen Güterstände einen der Güterstände des neuen Rechtes zu setzen. Um der Landesgesetzgebung in dieser Hinsicht volle Freiheit zu lassen, ist ihr in Art. 218 des Einf.-Ges. die Ermächtigung gegeben, die bisherigen Gesetze zu ändern, — mithin auch, sie durch die Vorschriften des B.G.B. zu ersetzen, — soweit sie nach den Uebergangsvorschriften, hier nach Art. 200, in Kraft bleiben würden.[130d)] Von dieser Ermächtigung werden die Ausführungsgesetze voraussichtlich umfassenden Gebrauch machen. — Der Entwurf des Preußischen Ausführungsgesetzes Art. 43—66 enthält eingehende Vorschriften in dieser Richtung mit der Begründung, daß für Preußen ein dringendes Bedürfniß bestehe, den Rechtszustand dadurch zu vereinfachen, daß die güterrechtlichen Vorschriften des B.G.B. auch für die bereits bestehenden Ehen baldthunlichst zur Geltung gebracht werden. Denn ließe man es bei den Grundsätzen des Art. 200 bewenden, so würden die mehr als sechzig verschiedenen zur Zeit in Preußen geltenden Güterrechte noch in Geltung bleiben während einer viele Jahrzehnte dauernden Uebergangszeit.[130e)]

Zum Schlusse der Besprechung dieses Titels ist noch der Thatsache zu gedenken, daß gewohnheitsmäßig eine Bezugnahme auf statistische Tabellen dazu dienen muß, die Erschwerung der Ehescheidung als nothwendig und als eine Errungenschaft im Interesse der Sittlichkeit hinzustellen.[130f)]

Man macht sich den Beweis sehr leicht.

Nach der im Reichsjustizamte bearbeiteten Deutschen Justiz-Statistik Jahrgang VIII (1897) S. 152 f. entfielen im Deutschen

---

130c) [2] S. z. B. §§ 766 ff., 812. II. 1 Preuß. A.L.R. — Habicht S. 412 f.

130d) [2] S. Mot. zum Einf.Ges. S. 282 ff. Prot. II. Lesung S. 9073 ff. und jetzt Niedner S. 314 ff.

130e) [2] S. Begr. zum Entw. des Preuß. Ausf.G. zum B.G.B. S. 71 ff. Jetzt auch Niedner S. 318.

130f) S. z. B. Oettingen, Moralstatistik S. 152 ff. und Prot. IV S. 391 f. — Vergl. dazu oben Anm. 96.

Reiche auf je 10 000 bestehende Ehen im Durchschnitte

in den Jahren	1881—1885	jährlich	6,9	Ehescheidungen[130g])
" " "	1886—1890	"	7,8	"
" " "	1891—1895	"	8,3	"

Somit hat eine Steigerung der Ehescheidungsziffer stattgefunden. — Das bedeutet, sagt man, eine sittliche Verschlechterung, während ein Herabgehen der Ehescheidungsziffer moralische Besserung bedeuten würde. Ersterer muß also mit aller Energie entgegengetreten, letztere unter allen Umständen erstrebt werden.

In dieser Beziehung ist zu bemerken:

A. Jene Zahlen sind nicht maßgebend für den Sittlichkeitszustand der Gesellschaft. Es kommt vielmehr darauf an, ob die Ehescheidungsziffern Ergebniß der Freiheit sind oder des Zwanges, ferner ob die Zustände in den nicht geschiedenen Ehen befriedigende sind oder nicht.

Nachdem z. B. durch Gesetz vom 8. Mai 1816 in Frankreich die Scheidung gänzlich abgeschafft war, traten massenhafte Trennungen auf Lebenszeit an ihre Stelle mit zwangsweiser Aufrechterhaltung des Ehebandes.

Es fand also statistisch keine einzige Ehescheidung mehr statt; aber gleichzeitig verschlechterte sich der sittliche Zustand so wesentlich, daß selbst die Anhänger jenes Gesetzes nicht zu leugnen wagten, daß die Zustände schreckenerregend seien.[131])

B. Das Zahlenverhältniß der Ehescheidungen zu den zerrütteten Ehen ist auch bei unveränderter Gesetzgebung keineswegs fest-

---

[130g]) [2] Um die großen durch Zusammenwirken der Konfession und des materiellen Scheidungsrechtes mit anderen Umständen hervorgebrachten Verschiedenheiten zu veranschaulichen, geben wir nachstehend die für obige drei Zeiträume [1881/85, 1886/90 und 1891/95] geltenden jährlichen Durchschnittsziffern der Scheidungen für je 10 000 bestehende Ehen in folgenden Oberlandesgerichtsbezirken:

1) Berlin	17,1	17,1	19,9	7) Hamburg	19,3	24,0	26,6
2) Breslau	6,7	7,7	8,5	8) Karlsruhe	3,4	4,6	5,2
3) Cassel	1,9	2,0	2,2	9) Königsberg	7,9	9,9	9,8
4) Cöln	2,3	2,9	3,7	10) München	2,5	2,8	4,4
5) Dresden	15,4	15,8	16,2	11) Posen	4,4	5,6	4,7
6) Frankfurt a./M.	5,5	5,0	6,2	12) Stuttgart	3,9	4,3	4,4.

[131]) S. oben Anm. 92. — Es ist ein Beweis von der enormen Widerstandskraft der katholischen Kirche gegenüber der Staatsraison, daß es erst nach mehr als fünfzigjährigem Kampfe (1830—1884) gelang, die Wiedereinführung der Ehescheidung durchzusetzen.

stehend. Es verfolgt vielmehr, soweit nicht andere Umstände entgegenwirken, naturgemäß eine allmälig steigende Richtung, welche durch die erhöhte Lebenshaltung bedingt ist, die ihrerseits wiederum eine nothwendige Begleiterscheinung des Kulturfortschrittes ist.

Die erhöhte Lebenshaltung bringt es mit sich, daß die materiellen und geistigen Bedürfnisse sich steigern, die Empfindlichkeit gegen jeden Mangel wächst und in Folge dessen Zustände als unerträglich sowohl körperlich als im Gemüthe empfunden werden, welche in früherer Zeit als alltäglich und selbstverständlich schweigend ertragen wurden.

C. Diese mit der erhöhten Lebenshaltung wachsende Empfindlichkeit — oder verminderte Unempfindlichkeit — zeigt sich natürlich auch in der Ehe, und dabei spielt die veränderte Haltung der Frauen eine Hauptrolle.

Grundsätzlich ist die Frau der Scheidung in hohem Grade abgeneigt, weil sie in viel höherem Maße als der Mann im Hause den Schwerpunkt ihrer Lebensthätigkeit, in der Ehe ihren naturgemäßen Beruf findet; weil sie vor der öffentlichen Meinung zurückscheut, der Gedanke an eine gerichtliche Erörterung der intimsten Angelegenheiten sie erschreckt; weil endlich die geschiedene Frau durchschnittlich viel schwerer, als der geschiedene Mann sich wieder verheirathet.

In der Regel wird also die Frau, so lange der Zustand in der Ehe ihr nur einigermaßen erträglich scheint, Scheidung oder Trennung ihrerseits nicht beantragen. Gleichwohl ergiebt die Statistik die auffallende Thatsache, daß in neuester Zeit die Anträge auf Scheidung, bezw. Trennung in überwiegender und immer mehr steigender Proportion gerade von den Frauen ausgehen.[132])

Mit anderen Worten, die steigende Lebenshaltung der Frauen äußert sich darin, daß sie Untreue, Mißhandlungen, Ehrverletzungen und andere Brutalitäten seitens des Mannes nicht mehr als unabweisbares Geschick oder gar als selbstverständlich hinnehmen, sich vielmehr davon um jeden Preis frei zu machen suchen. Dies zunehmende Gefühl der Unerträglichkeit vermehrt die Zahl der Scheidungen; die steigende Ziffer der letzteren ist also an sich durchaus kein Beweis steigender Unsittlichkeit, sondern eine Begleiterscheinung steigender Kultur,

---

[132]) S. Oettingen, Moralstatistik S. 157 ff.

welche erst wieder durch andere Begleiterscheinungen derselben überwunden und neutralisirt werden muß.[133])

Es handelt sich hier um Erscheinungen, welchen die Gesetzgebung machtlos gegenübersteht. Es ist daher auch höchst wahrscheinlich, daß trotz der Veränderung der Ehescheidungsgesetze durch das B.G.B. ein Herabgehen der Scheidungsziffer zunächst nicht eintritt, vielleicht sogar die allmälige Steigerung noch einige Zeit fortdauert. Es würde verfehlt sein, wenn wir darin ein Zeichen des Verfalles sehen, darin einen Antrieb zu noch größerer Strenge finden wollten.[133a])

---

[133]) Dem Gesagten hat auch die Haltung der gebildeten Frauen gegenüber dem B.G.B. durchaus entsprochen. Sie sind entschieden gegen Erschwerung der Scheidung aufgetreten, haben namentlich gefordert, daß über die §§ 1564—1567 hinaus als absolute Scheidungsgründe anerkannt werden sollten: a) die Sittenverbrechen §§ 173—182 Str.G.B. also namentlich qualifizirte Unzucht und Kuppelei; b) Entmündigung wegen Trunksucht; c) gegenseitige Uebereinkunft (ohne Beschränkung auf kinderlose Ehen und ohne Nachweis unüberwindlicher Abneigung!). S. Sera Proelß und Maria Raschke, Die Frauen im B.G.B. S. 30 f. — Ferner laut Kommissionsbericht Nr. 440b S. 67: d) nicht nur Lebensnachstellung, sondern auch das Leben gefährdende Behandlung und grobe Mißhandlung — Diese unerfüllt gebliebenen Wünsche geben immerhin einen Fingerzeig für die sittlichen Anforderungen der Gegenwart und damit für den Geist, in welchem die Praxis das B.G.B., namentlich den § 1568 anzuwenden haben wird.

[133a]) [2] Die im Texte vertretenen Gedanken sind (ohne Kenntniß meiner Schrift) weiter ausgeführt von Eliza Ichenhaeuser, Zur Frauenfrage, 2. Folge, Berlin 1899, S. 44 f.: „Ich glaube nicht — sagt die Verfasserin, — daß die Zunahme der Ehescheidungen auf eine Zunahme der Unsittlichkeit zurückzuführen ist, sondern betrachte sie im Gegentheil als Erfüllung einer Sittlichkeitsforderung. Ich glaube nicht, daß sie eine Begleiterscheinung haltloser Zustände ist, sondern vielmehr ein Beweis sich festigenden moralischen Empfindens, ein Beweis zunehmender Selbständigkeit." — — „War es nicht höchste Unsittlichkeit, wenn eine Frau bei ihrem Manne, der sie mißhandelte, der sie mißachtete und den sie in ihrem tiefsten Innern hassen mußte, nur deshalb blieb, weil er ihr Ernährer war, weil er ihr widerwillig das bischen Brod, das sie zum Leben brauchte, hinwarf?" — — „Mußte der Charakter der Frau durch die Heuchelei, die ihr dadurch auferlegt ward, durch die Ausrottung jedes selbständigen Empfindens und Denkens, nicht von Grund aus verdorben werden und konnte in solcher Ehe auf einen guten moralischen Einfluß der Eltern auf die Erziehung der Kinder gerechnet werden? War es nicht eine vollständige Verkennung von Moral und Sittlichkeit, wenn die Gesellschaft, die sog. Welt, solche Ehen tolerirte und diejenigen Frauen, welche den Muth hatten, sie von sich zu werfen, in Acht und Bann erklärte?" — — „Immer noch bedarf es für eine Frau großen Muthes und großer Entsagungsfähigkeit, sich von ihrem Manne scheiden zu lassen." — — „Aber daß sie diese Möglichkeit hat, daß das völlig ungerechtfertigte Vorurtheil gegen die geschiedene Frau im Schwinden begriffen ist, das erachte ich für einen großen Fortschritt. Und meiner Ansicht nach wird dieser Umstand sehr erzieherisch auf die Ehegatten wirken und eine Umgestaltung, eine Besserung der Ehe herbeiführen."

Tit. VIII. Kirchliche Verpflichtungen.

Auf Grund in der Reichstags-Kommission gefaßter Beschlüsse ist

1) als Ueberschrift des ganzen Abschnittes statt „Ehe“ gesetzt „bürgerliche Ehe“;

2) hinter dem von der Ehescheidung handelnden Tit. VII. als Tit. VIII.: „Kirchliche Verpflichtungen“, folgende dem sog. Kaiserparagraphen des Reichs-Civilstandsgesetzes [134]) entsprechende Bestimmung eingeschaltet:

§ 1556a [jetzt § 1588]: „Die kirchlichen Verpflichtungen in Ansehung der Ehe werden durch die Vorschriften dieses Abschnitts nicht berührt.“

Dabei wurde von den Antragstellern betont, es solle mit der Ueberschrift „bürgerliche Ehe“ nicht etwa gesagt werden, daß es zwei Ehen gäbe, eine bürgerliche und eine kirchliche, — sondern es solle gesagt werden: „Es giebt nur Eine Ehe, welche aber neben der kirchlichen auch eine bürgerliche Seite hat.“

Gegen diese Anträge wurden Seitens der anderen Parteien keine Bedenken erhoben, weil darin nur der Grundsatz zum Ausdruck komme: Religion ist Privatsache, der Staat hat daher die kirchliche Seite der Ehe unbeachtet zu lassen.

Wir werden aber weiterhin in obigen Bestimmungen den Versuch einer Grenzbestimmung zwischen Staat und Kirche zu finden haben. Wir werden ferner in dem Umstande, daß diese Grenzbestimmung in das B.G.B. aufgenommen ist, das Anerkenntniß sehen dürfen, daß der Staat es ist, der die Grenze zu bestimmen hat.[135])

---

[134]) Der sog. Kaiserparagraph (§ 82) lautet: „Die kirchlichen Verpflichtungen in Beziehung auf Taufe und Trauung werden durch dieses Gesetz nicht berührt.“ — Bekanntlich hat man versucht, aus diesem Paragraphen die Nothwendigkeit zur Rückkehr zur fakultativen Civilehe abzuleiten. S. m. Gutachten a. a. O. S. 224. Dieser mißlungene Versuch ist demnächst aufgegeben worden. Darüber ausführlich Hinschius, Das Reichsgesetz über die Beurkundung des Personenstandes 2c. (3. Aufl. 1890) S. 222 ff.

[135]) Dies ist sein unveräußerliches Recht; denn für ihn ist die Normirung des irdischen Gesellschaftslebens Selbstzweck, nicht nur Mittel für transcendente Zwecke.

Wir können also jene Bestimmungen mit besonderer Genugthuung begrüßen, — mag nun ein solches Anerkenntniß, daß der Staat die Grenzen seines Machtgebietes der Kirche gegenüber selbst festzustellen habe, beabsichtigt gewesen sein oder nicht. Denn freilich schleicht sich bei dieser Frage ein berechtigtes Mißtrauen ein, wenn man berücksichtigt, daß jene Aenderungen in das Gesetz erst, nachdem die Aufrechterhaltung der obligatorischen Civilehe gesichert war, hineingebracht worden sind, und zwar von Seiten derer, welche bis dahin diese Eheschließungsform unermüdlich bekämpft hatten. Dazu kommt die fortgesetzte Agitation der orthodoxen Presse und die notorische Thatsache, daß die katholische Kirche unentwegt festhält an dem Gedanken, daß der Staat verpflichtet sei und gezwungen werden müsse, ihr die Ehegesetzgebung wieder auszuliefern.[136])

Auch ist er nicht wie die Kirche durch eine (wirkliche oder vermeintliche) Nothwendigkeit stabiler Dogmen gehindert, sich die Kulturfortschritte anzueignen.

[2] S. hierzu § 67 des R.Civilstandsges. v. 6. Februar 1875, welcher mit Geldstrafe bis zu 300 Mark oder mit Gefängniß bis zu drei Monaten bedroht einen Geistlichen oder anderen Religionsdiener, der zu den religiösen Feierlichkeiten einer Eheschließung schreitet, bevor ihm nachgewiesen worden ist, daß die Ehe vor dem Standesbeamten geschlossen sei. Die Reichstags-Kommission hat hinzugefügt: eine strafbare Handlung sei nicht vorhanden, wenn Obiges geschieht im Falle einer lebensgefährlichen, einen Aufschub nicht gestattenden Erkrankung eines der Verlobten. Art. 46 III Einf.Ges.

[136]) Es genüge, hier auf die Beschlüsse des im August 1896 in Dortmund abgehaltenen Katholikentages Bezug zu nehmen, sowie auf ein neuestes Erzeugniß der ultramontanen Presse: Ludwig Bendix (Lehrer des Kirchenrechts am Priesterseminar zu Mainz): Die deutsche Rechtseinheit und das zukünftige B.G.B. für das Deutsche Reich, 1896. [2] Noch am 17. Mai 1899 ist in Stuttgart bei Berathung des Abschnittes „Bürgerliche Ehe" im Württembergischen Ausführungsgesetze zum B.G.B. von der Centrumsfraktion folgende Erklärung gegen die obligatorische Civilehe abgegeben worden: „Die Mitglieder der Centrumsfraktion beklagen aufs Tiefste, daß das Rechtsgeschäft, welches die obligatorische Civilehe darstellt, von der Reichsgesetzgebung eingeführt worden ist, obwohl dasselbe für die Mehrheit des deutschen Volkes nicht nur kein Bedürfniß, sondern eine Verletzung ihrer religiösen Auffassung ist. Insbesondere vermögen die Katholiken, für welche die Ehe nach ihrer Glaubenslehre ein Sakrament ist, eine Befugniß des Staates zur Regelung des Eherechtes, abgesehen von den Wirkungen der Ehe auf dem rein bürgerlichen Gebiete, nicht anzuerkennen. Die Mitglieder der Fraktion wissen, daß durch die Vorschriften des Reichsrechtes die Nothwendigkeit zur Erlassung von Ausführungsbestimmungen zur Civilehe begründet ist, sie können aber eine Mitwirkung für die Durchführung der Civilehe nicht übernehmen und müssen deshalb, auch wenn sie diesem Gesetzentwurfe im ganzen zustimmen, eine Zustimmung zu der

Unter diesen Umständen erscheint es nicht überflüssig, die richtige Auslegung des § 1588 nach Möglichkeit sicherzustellen.

Die Motive des ihm vorbildlichen § 82 des Reichs-Civilstandsgesetzes gingen im Wesentlichen dahin, er solle der von kirchlichen Agitatoren verbreiteten Mißdeutung entgegentreten, als wolle das Civilstandsgesetz die kirchliche Trauung verbieten. Dem gegenüber sollte klargestellt werden, daß der Staat über die kirchlichen Verpflichtungen nicht disponirt, weil sie nicht Gegenstand seiner Gesetzgebung sind.

Allein diesem rein negativen Gesichtspunkte dürften noch folgende positive Momente hinzuzufügen sein:

1. Da es, wie seiner Zeit von den Antragstellern selbst hervorgehoben worden, nicht zwei Ehen giebt, eine bürgerliche und eine kirchliche, sondern nur Eine Ehe, so kann diese Ehe auch nicht doppelt, sondern nur Einmal eingegangen werden. Der bürgerliche Akt, mit welchem die Ehe beginnt, kann in rechtlicher Beziehung keiner Ergänzung oder Bestätigung bedürfen.[137]) Mithin bleibt für den kirchlichen Akt nur diejenige Bedeutung übrig, welche er ursprünglich ge-

Civilehe, Art. 240 des Gesetzes, aus Gewissensgründen versagen." — Ueber die Gründe, welche die Einführung der obligatorischen Civilehe in Preußen und demnächst in ganz Deutschland zur Nothwendigkeit gemacht haben, geben die Motive der Gesetze vom 9. März 1874 und 6. Februar 1875 ausführlichste Auskunft. Sie dürfen hier als bekannt vorausgesetzt werden. Als besonders lehrreich aber sei die Haltung unseres größesten Staatsmannes erwähnt, welcher, — ursprünglich ein entschiedener Gegner jeder Civilehe, — zur rechten Zeit den Kaiser Wilhelm I. von der Nothwendigkeit der obligatorischen Civilehe zu überzeugen wußte. Als ihm im Dezember 1873 seine berühmte Rede vom 15. November 1849 vorgehalten wurde, in welcher er die Hoffnung ausgesprochen hatte, „das Narrenschiff der Zeit am Felsen der christlichen Kirche scheitern zu sehen", erwiderte er: „Ich habe gelernt, meine persönliche Meinung den Bedürfnissen des Staates unterzuordnen. — Ich habe hier nicht Dogmatik zu treiben, ich habe Politik zu treiben. Ich bin ein den Bedürfnissen und Forderungen des Staates im Interesse des Friedens und Gedeihens meines Vaterlandes gegenüber disziplinirter und sich unterordnender Staatsmann."

[137]) Unrichtig ist also namentlich die früher von Sohm (Das Recht der Eheschließung, Weimar 1875) vertretene Auffassung, daß der bürgerliche Akt eine für die thatsächliche Seite der Ehe der Ergänzung fähige und bedürftige Eheschließungshandlung sei, daß die kirchliche Trauung als Uebergabe der Braut an den Bräutigam, als altdeutsche traditio puellae fortbestehe, durch sie erst die eheliche Gemeinschaft legitimirt werde. S. dazu Hinschius: Das Reichsgesetz über die Beurkundung des Personenstandes (3. Aufl. 1890) S. 222 ff.

habt hat: Einsegnung der bereits bestehenden Ehe, durch welche sie als auch in Gemäßheit der kirchlichen Ordnungen geschlossen nachträglich anerkannt und der göttlichen Gnade empfohlen wird.

2. Der Staat darf keine Gestaltung des kirchlichen Aktes dulden, welche die Vollwirkung der bürgerlichen Trauung leugnet, indem z. B. die Eheleute als Verlobte angesprochen werden. — Ebenso ist jede vor dem Priester abgegebene Erklärung dem Staate gegenüber null und nichtig, welche rechtlich unzulässige Einschränkungen der persönlichen Freiheit, rechtlich unzulässigen Verzicht auf unveräußerliche Rechte enthalten würde.[138])

3. Was schließlich die viel verhandelte Streitfrage[139]) betrifft, ob die Weigerung der kirchlichen Trauung nach erfolgter Civiltrauung einen Scheidungsgrund abgebe, so ist dieselbe nach dem Gesetzbuche dahin zu entscheiden: Der § 1588 begründet keinen Rechtsanspruch des einen Ehegatten gegen den anderen auf Nachholung der kirchlichen Trauung. Die Verweigerung der letzteren begründet also auch einen relativen Scheidungsgrund im Sinne des § 1568 nur dann, wenn sie den besonderen Umständen nach als ein ehrloses oder unsittliches Verhalten erscheint.

Die abweichende oben S. 98 wiedergegebene Konstatirung der Reichstags-Kommission:

> „daß wegen einer solchen Weigerung die Scheidung erfolgen könne und müsse"

kann auch nicht füglich anders verstanden werden, als daß die Scheidung aus diesem Grunde erfolgen kann und — falls die sonstigen

---

[138]) Im Gegensatze zu nachträglicher Verzeihung (Anm. 127) würde der im Voraus ausgesprochene Verzicht auf Geltendmachung von Ehescheidungsgründen gemäß § 138 B.G.B. nichtig sein. R.G.E. 34 S. 211. Unzner S. 323 (Anm. 2 zu § 1570) erklärt dies deshalb als selbstverständlich, weil der Verzicht mit dem Wesen der Ehe im Widerspruche stehen würde. — Die Nichtigkeit des vertragsmäßigen Verzichtes auf Ehescheidungsklage ist auch anerkannt in dem Urtheil des O.A.G. zu Darmstadt v. 24. Juni 1864. Seuff. Arch. 18 Nr. 126. Ein solcher Verzicht gehört zu den Willenserklärungen, welche das zulässige Maß der Selbstbeschränkung überschreiten, analog §§ 9—13 I, 4 A.L.R. S. O.H.G.E. 18 S. 102 f. Seuff. Arch. 17 Nr. 200, 26 Nr. 9 und R.G.E. 4 S. 162 f. (Selbstentmündigung). Vergl. auch Gierke: Der Entw. eines B.G.B. und das Deutsche Recht, 1889, S. 169 und jetzt Engelmann S. 342 (Anm. 4 zu § 1570).

[139]) S. namentlich den Kommissionsbericht Nr. 440b S. 68 ff., 76 ff. Auch oben Anm. 115. (Anm. 101 Nr. 8.)

Voraussetzungen der Scheidung aus § 1568 vorliegen, auch erfolgen muß.[140])

[140]) [2] In zweiter Lesung standen sich zwei Anträge gegenüber. Nach dem einen Antrage sollte die schuldhafte Verweigerung der kirchlichen Trauung in § 1568 als Beispiel ehrlosen und unsittlichen Verhaltens besonders aufgeführt werden. (Es sollte mithin dem staatlichen Gerichte vorgeschrieben werden, die Unterlassung der kirchlichen Trauung als schlechthin unsittlich anzusehen.) Nach dem anderen Antrage sollte umgekehrt die Scheidung aus diesem Grunde nur dann zulässig sein, wenn die kirchliche Trauung vor der Eheschließung zugesichert worden und die eheliche Lebensgemeinschaft noch nicht begonnen hat. — Beide Anträge wurden verworfen. Es wurde dabei u. A. der Mischehen gedacht, bei welchen die beabsichtigte Trauung daran scheitern kann, daß der evangelische Theil sich weigert, die von der katholischen Kirche geforderte Zusicherung hinsichtlich des religiösen Bekenntnisses der Kinder zu ertheilen. Prot. IV S. 414 ff. S. Unzner S. 321 (Anm. 1 zu § 1568).

Druck von Otto Walter in Berlin S.

FSC
www.fsc.org
MIX
Papier | Fördert
gute Waldnutzung
FSC® C083411

Kolibri 360 GmbH
Ferdinand-Jühlke-Straße 7
99095 Erfurt, Deutschland
produktsicherheit@kolibri360.de